卒.23
SOTSUTEN
全国合同卒業設計展

JN027688

はじめに

卒、23 代表
三橋 貫太

今年度も無事「卒、」を開催することができました。当団体が毎年行っております全国合同卒業設計展も回を重ねるごとに盛況となり、これもひとえに皆様のおかげと、心から感謝申し上げます。例年同様、今年度も数多くの学校からご出展いただきました。改めてこの度「卒、」へ作品を出展していただいた皆様、誠にありがとうございます。

また、ゲストクリティークとしてご参加を快諾していただきました、河田将吾様、工藤浩平様、津川恵理様、冨永美保様、裏田久美子様、榮家志保様、酒匂克之様、須崎文代様、堀越優希様、山本想太郎様、そして総合司会を引き受けていただいた西田司様、この度はご多忙のところ、「卒、23」へご臨席いただき、誠にありがとうございました。皆様のご協力があってこそ、意義のある展示会として成り立っているのだと強く感じております。

そしてご来場の皆様、当展示会へ足をお運びいただき、誠にありがとうございました。さまざまなテーマの作品が並び、それらはさまざまな表情を見せてくれます。出展者がつくり上げた作品を肌で感じ取り、そして楽しんでいただけたなら幸いに存じます。

開催に当たりましては、三栄建築設計様、カシワバラ・コーポレーション様、小川組様、ガイアフィールド様、大建設計様、大神様、大同工業様、チームラボ様、富士防様にご協賛いただき、隅田公園リバーサイドギャラリー様には会場の面でご協力いただきました。そして、特別協賛として総合資格様には、設計展の企画・運営を通して常に私たちを支えていただき、本作品集におきましても無償で出版を引き受けていただきました。ご協力いただきました企業様には、この場をお借りして深く御礼申し上げます。

今年度は、「卒、」が発足し20年目となります。こうして長い間、毎年開催を続けられることは、出展者様、クリティークの先生方、協賛企業様、OB・OGの皆様、たくさんの方々のご支援あってこそだと感じております。この場をお借りし、スタッフ一同を代表して、改めて皆様に心から御礼申し上げます。誠にありがとうございました。

今後の「卒、」のさらなる発展を願い、謝辞とさせていただきます。

特別協賛および作品集発行にあたって

総合資格 代表取締役

岸 和子

当学院は、建築の世界を志す学生の方々が志望の進路に突き進むことができるよう、さまざまな支援を全国で行っています。卒業設計展への協賛やその作品集の発行、建設業界研究セミナーなどは代表的な例です。

当学院は長年にわたり、全国合同卒業設計展「卒、」に協賛してまいりました。本年はコロナ禍の制限が緩和されつつある中、学生と審査員の皆様が対面で議論する審査会を実施し、実り豊かな対話が展開されました。また、本年も引き続きオンラインで一般公開することで、全国の多くの建築を学ぶ学生の方々に視聴いただき、卒業設計に掛けた出展者の皆様の熱いエネルギーと志が伝わり、「卒、」の魅力を十分に届けることができたことと思います。

本作品集では、そのような熱気あふれる審査会の記録と、出展者の4年間の集大成である卒業設計を詳細に収録しました。また、0次審査から1次・2次審査の様子を収め、最終議論ダイジェストも掲載し、資料としても大変価値のある内容となっています。本作品集が多くの方々に読み継がれることで、本設計展がさらに発展することを願っています。そして「卒、23」に参加された皆様、また本書を読まれた方々が、将来、家づくり、都市づくり、国づくりに貢献されることを期待しています。

CONTENTS
目次

大会Concept

「PLOT」

人との交流、作品との出会いの一つの機会になり、人生グラフにプロットされる
設計展。卒業設計展「卒、」の出展者、来場者すべての人にとって何かの一点とし
てプロットされるような設計展になるように、という願いを込めたもの。

開催概要

卒、とは
「卒、」は「そつてん」と読みます。
実行委員会は関東を中心に、全国から有志で集まった
建築を学ぶ学生で構成されています。建築学生の集大成とも言える
卒業設計の発表の場を設け、より多くの人に建築の素晴らしさ・楽しさを
伝えられるように1年かけて企画・運営をしています。
大学・学年・地域を超えてさまざまな学生と意見を交わし、
刺激し合いながらフラットな関係を目指しています。

主催： 「卒、23」実行委員会
日程： 2023年2月24日（金）〜27日（月）
講評会DAY1： 2023年2月25日（土）
講評会DAY2： 2023年2月26日（日）
特別協賛： 株式会社 総合資格
協賛： 株式会社 三栄建築設計／株式会社 カシワバラ・コーポレーション
／株式会社 小川組／株式会社 ガイアフィールド／株式会社 大建
設計／株式会社 大神／大同工業 株式会社／チームラボ 株式会
社／株式会社 富士防

［0次審査］

2023年2月17日（金）
会場：総合資格学院 新宿校

本選に進出する50作品を選出する
事前審査。全審査員による事前投
票の結果をベースに、榮家志保氏、
工藤浩平氏、酒句克之氏、津川恵
理氏、西田司氏、山本想太郎氏が
参加し、議論と投票で本選に進む
作品を決定した。

［本選］

DAY1 2023年2月25日（土） ／ DAY2 2023年2月26日（日）
会場：隅田公園リバーサイドギャラリー

［1次審査］

クリティークが場内を巡回し、全作品を審査するポス
ターセッション。持ち時間は出展者1名につき1分で、
プレゼンテーションと質疑応答を行う。
1次審査の内容を踏まえて、クリティークが推す10作
品に票を投じる。その結果をベースに議論し、2次審査
に進む1次審査通過10作品を選出。

［2次審査］

1次審査を通過した10作品による
公開プレゼンテーション。1作品に
つきプレゼンテーション4分、質疑
応答4分の計8分が与えられる。

総合司会（DAY 1 / DAY 2）

西田 司

Osamu Nishida

オンデザインパートナーズ／
東京理科大学 准教授

1976年　　神奈川県生まれ

1999年　　横浜国立大学卒業

2002-7年　東京都立大学大学院助手

2004年　　オンデザインパートナーズ設立

2005-09年　横浜国立大学大学院Y-GSA助手

2019年-　　東京理科大学准教授

[最終審査]
最優秀賞と各賞を決定する最終
ディスカッション。各審査員が最優
▶　秀賞に推す3作品に投票し、その
結果をベースに、出展者のコメント
を交えながら議論する。

▶　最優秀賞
および
各賞決定！

河田 将吾
Shogo Kawata

チームラボアーキテクツ

1977年	鳥取県生まれ
2000年	京都工芸繊維大学卒業
2003年	ORPPS／河田将吾建築設計事務所設立（2010年に河田将吾一級建築士事務所に改称）
2009年	チームラボオフィス共同設立
2015年	チームラボアーキテクツに改称

工藤 浩平
Kohei Kudo

工藤浩平建築設計事務所

1984年	秋田県生まれ
2008年	東京電機大学工学部建築学科卒業
2011年	東京藝術大学大学院美術研究科修了
2012-17年	SANAA
2017年	工藤浩平建築設計事務所設立
2020年-	東京電機大学 非常勤講師
2023年-	東京理科大学 非常勤講師
2023年-	多摩美術大学 非常勤講師

津川 恵理
Eri Tsugawa

ALTEMY

1989年	兵庫県生まれ
2013年	京都工芸繊維大学卒業
2015年	早稲田大学創造理工学術院 修了
2015-18年	組織設計事務所勤務
2018-19年	Diller Scofidio + Renfro（アメリカ）勤務（文化庁新進芸術家海外研修生として）
2019年	ALTEMY設立
2020年-	東京藝術大学教育研究助手
2021年-	東京理科大学 非常勤講師
2022年-	早稲田大学 非常勤講師

冨永 美保
Miho Tominaga

tomito arichitecture

1988年	東京都生まれ
2011年	芝浦工業大学卒業
2013年	横浜国立大学大学院Y-GSA 修了
2014年	tomito architecture共同設立

棗田 久美子
Kumiko Natsumeda

GROUP

1988年	広島県生まれ
2011年	京都造形芸術大学卒業
2013年	慶應義塾大学大学院 修士課程修了
2014-20年	オンデザインパートナーズ
2018-21年	BORD 共同主宰
2021年-	GROUP 共同主宰
2021年-	相模女子大学 専任講師

ゲスト
クリティーク

榮家 志保
Shiho Eika

EIKA studio／o+h

1986年	兵庫県生まれ
2009年	京都大学工学部建築学科卒業
2010-11年	Mimar Sinan Fine Arts University（トルコ）
2012年	東京藝術大学大学院美術研究科建築専攻修了
2012年-	大西麻貴＋百田有希／o+h パートナー
2018-21年	東京藝術大学教育研究助手
2019年-	EIKA studio 主宰
2021年-	関東学院大学 非常勤講師
2022年-	法政大学 兼任講師

酒匂 克之
Katsuyuki Sakoh

丘の上事務所／東京造形大学 准教授

1971年	大阪府生まれ
1997年	東京造形大学卒業
1997-2001年	近藤康夫デザイン事務所勤務
2002年	丘の上事務所設立
2010-15年	デザイナーユニットMITIITOとして活動
2019-21年	東京造形大学非常勤講師
2021年-	東京造形大学 准教授

須崎 文代
Fumiyo Suzaki

神奈川大学 准教授

2004-05年	パリ・ラヴィレット建築大学、リスボン工科大学（AUSMIP国費留学）
2006年	千葉大学大学院修士課程修了
2010年	日本学術振興会特別研究員DC1
2014年	神奈川大学大学院博士課程修了
2017-22年	神奈川大学 特別助教、日本常民文化研究所 所員
2022年-	神奈川大学 准教授

堀越 優希
Yuki Horikoshi

YHAD

1985年	東京都生まれ
2009年	東京藝術大学美術学部建築科 卒業
2010年	リヒテンシュタイン国立大学（交換留学）
2012年	東京藝術大学大学院美術研究科建築専攻修了
2012-19年	石上純也建築設計事務所、山本堀アーキテクツ
2019年	YHAD設立
2021-22年	芝浦工業大学 非常勤講師
2022年-	東京藝術大学美術学部建築科 助教

山本 想太郎
Sotaro Yamamoto

山本想太郎設計アトリエ

1966年	東京都生まれ
1989年	早稲田大学理工学部建築学科卒業
1991年	早稲田大学大学院理工学研究科修士課程修了
1991-2003年	坂倉建築研究所
2004年	山本想太郎設計アトリエ設立
2006年-	東洋大学 非常勤講師
2011年-	工学院大学 非常勤講師
2013年-	日本建築家協会デザイン部会長
2015年-	芝浦工業大学 非常勤講師
2021年-	一般社団法人日本建築まちづくり適正支援機構 設計コンペ・プロポーザル相談室 室長
2022年-	一般社団法人HEAD研究会代表理事（副理事長）

Chapter
1
受賞
作品

DAY 1
最優秀賞

あなたもなれる、ケンチキューバーに。
― 建築をひらくためのゲーム制作 ―

林 飛良　長岡造形大学

ケンチ Cube

実際にゲー
を遊べるよ！

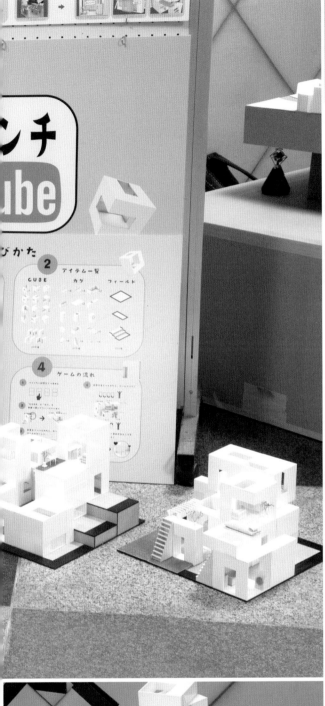

あなたもなれる、ケンチキューバーに。

— 建築をひらくためのゲーム制作 —

[プログラム]住宅　[構想／制作]8カ月／2カ月　[計画敷地]なし
[制作費用]100,000円　[進路]長岡造形大学 教務補助職員

林 飛良
Hira Hayashi

長岡造形大学
造形学部
建築・環境デザイン学科
北研究室

建築って面白いはずだよね？ しかし、一般の人との間に壁があったり、設計の楽しさに夢中になれない友人がいたり。そもそもなぜ日本の住宅は一様な風景なのでしょうか。そこで私は、ゲーミフィケーションの手法で建築をひらくことで、一般の人でも夢中で参加したくなる建築を目指した。本研究では、ゲーム制作→人への実験→評価を繰り返し行った。およそ80人にプレイしてもらうことができ、試行錯誤の中で15のゲームバージョンを経て現在の『ケンチCUBE』に至った。また、ゲームプレイの中でプレイヤーが生み出した建築価値は多様で非常に面白い。私はこの先、どのような建築家になるのだろうか。私自身、楽しみである。

 ## 実際のゲームプレイの様子
合計 40 回、80 人に遊んでもらい、15 のバージョンを経て、現在のルールに。

 ワークショップ
様子の動画（7分）

『リビングと
中庭とのつながり』

 ## ゲームプレイで生まれた魅力的な建築空間

『中庭との窓から、
ベッドに光が差し込む部屋』

『自分だけの屋上の庭』

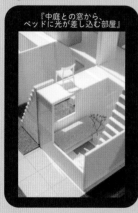

『イスが反射してきれいな廊下』

 ## ゲームプレイアーカイブカード

「ゲームプレイアーカイブカード」とは、ゲームプレイ中にプレイヤーが見つけた（発言した）建築的な価値を一枚ずつカードとして表現したものである。
本研究では、善し悪し関係なく、プレイヤーが建築として評価したものを全て「価値」としている。

つくられた 26 の建築たち

生まれた 185 の建築価値

先人たちのアイデアをレシピとして参照することで、新しいアイデアが生まれる！

DAY 1 優秀賞　DAY 2 最優秀賞

終のすみか
― 孤独な最期を迎えない住まいの物語 ―

岩間 小春　千葉工業大学

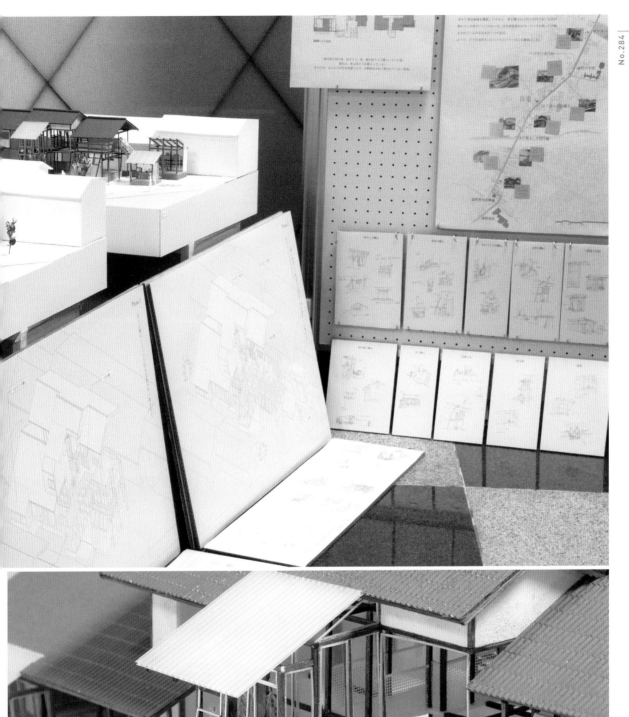

DAY 1 優秀賞　DAY 2 最優秀賞

終のすみか
― 孤独な最期を迎えない住まいの物語 ―

[プログラム]住宅　[構想／制作]4カ月／3週間　[計画敷地]岩手県遠野市
[制作費用]25,000円　[進路]千葉工業大学大学院

岩間 小春
Koharu Iwama

千葉工業大学
創造工学部
建築学科
今村研究室

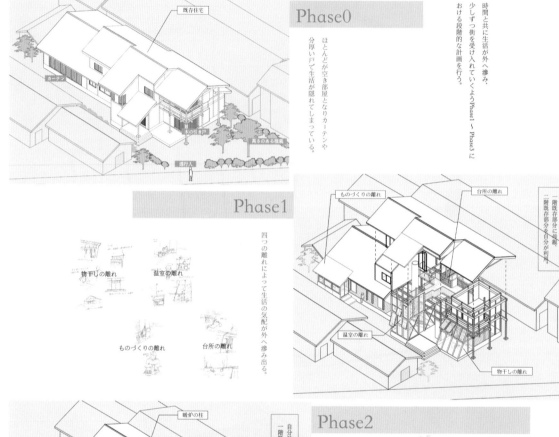

時間と共に生活が外へ滲み、少しずつ街を受け入れていくようPhase1〜Phase3における段階的な計画を行う。

Phase0

ほとんどが空き部屋となりカーテンや分厚い戸で生活が隠れてしまっている。

既存住宅
カーテン
重い引き戸
奥きのある仕切り
造り付入

Phase1

四つの離れによって生活の気配が外へ滲み出る。

物干しの離れ
温室の離れ
ものづくりの離れ
台所の離れ

一階既存部分に母親、二階既存部分を自分が利用。

ものづくりの離れ
台所の離れ
温室の離れ
物干しの離れ

Phase2

自分独りで暮らす。一階既存部分へ移動。二階既存部分を街へ開放。

二つの離れ増築と二階部分の開放。見守りの目が生まれる。

暖炉の柱
物見櫓
食料庫の離れ
本の離れ

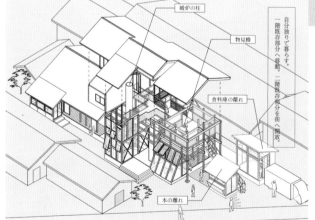

本の離れ
暖炉の柱
食料庫の離れ
物見櫓

Phase3

住み手がいなくなる。

少しずつ街に開き、人々のよりどころとなった家。家は街へと引き継がれる。家主がいなくなったあとも理不尽に取り残されることがないように。

ひとりで最期を迎え、その後何日も発見されないままの孤独死。家族や自分にも起こり得ることで決して他人事ではない。単独世帯の増加、地方都市における著しい少子高齢化が孤独死を増加させる。当時、通学途中で感じていたのは、人が住んでいる、つまり、人が生きているのかわからない家がいくつかあったということ。岩手県遠野市にある

実家もその一つである。本設計では、この実家を敷地とし、phase1～phase3における段階的な計画を行った。もし、生活が見えなくなった時、つまり、最期を迎えた時、時間とともに生まれた見守りの目が気づく。孤独な最期を迎えない住まいの提案である。

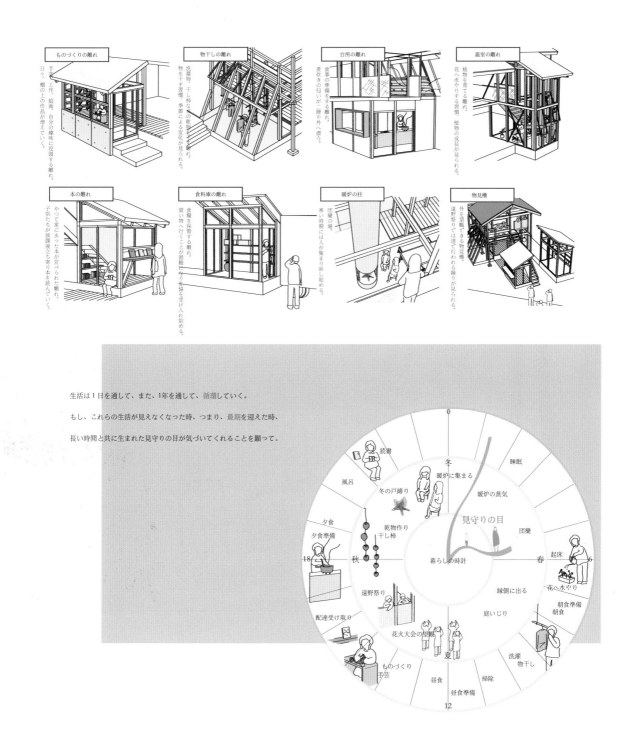

生活は1日を通して、また、1年を通して、循環していく。

もし、これらの生活が見えなくなった時、つまり、最期を迎えた時、

長い時間と共に生まれた見守りの目が気づいてくれることを願って。

DAY 1
優秀賞

学生賞

一休集伝器
―祖母からの伝承と焼き鳥を介した集いの創出―
梅澤 達妃　神奈川大学

一休集伝器
― 祖母からの伝承と焼き鳥を介した集いの創出 ―

[プログラム]コミュニケーションツール　[構想／制作]10カ月／1カ月　[計画敷地]なし
[制作費用]200,000円　[進路]慶應義塾大学大学院

梅澤 達紀
Tatsuki Umezawa

神奈川大学
工学部
建築学科
六角研究室

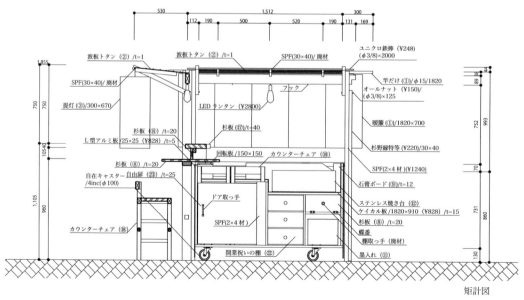

波板トタン（②）/t=1
SPF(30×40)/ 廃材
提灯（③）/300×670
L型アルミ板/25×25（¥828）/t=5
杉板（⑧）/t=20
自在キャスター自由扉（㉓）/t=25
/4inc(φ100)
カウンターチェア（⑱）

波板トタン（②）/t=1
SPF(30×40)/ 廃材
LED ランタン（¥2800）
杉板（⑰）/t=40
回転板/150×150
ドア取っ手
SPF(2×4 材)
開業祝いの棚（②）

SPF(30×40)/ 廃材
フック
カウンターチェア（⑱）

ユニクロ鉄棒（¥248）
(φ3/8)×2000
竿だけ（①）/φ15/1820
オールナット（¥150）/
(φ3/8)×125
暖簾（①）/1820×700
杉野縁特等（¥220）/30×40
SPF(2×4 材)(¥1240)
石膏ボード（⑨）/t=12
ステンレス焼き台（⑫）
ケイカル板/1820×910（¥828）/t=15
杉板（⑧）/t=20
蝶番
棚取っ手（廃材）
墨入れ（⑪）

矩計図

2022年7月、私の祖母が経営する「やきとり一休」が47年の暖簾を下ろした。そのことをきっかけに私は一人の建築家として一休の47年間継ぎ足しでつくられてきた「秘伝のたれ」と技術を孫である私が伝承した。
「持ち運べる一休」をつくるため、一休の店舗解体材を集め、「一休らしさ」をブリコラージュした焼き鳥を焼く什器、集伝器の設計制作を行う。

この集伝器とともに孫として一休を新たなかたちで再生し、建築家として集伝器を設計し、焼き鳥が持つ人と人を繋ぐ力を活用した地域活動を展開する。

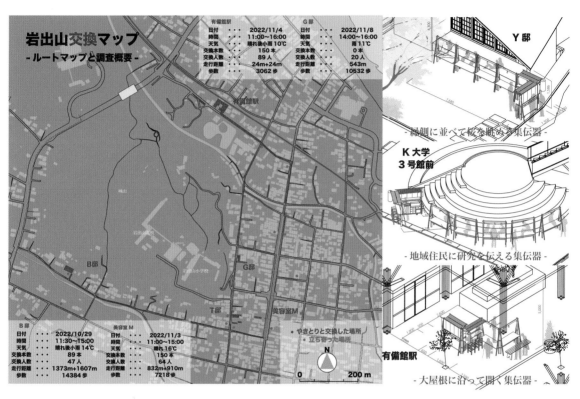

岩出山交換マップ
- ルートマップと調査概要 -

有備館駅		G邸	
日付	2022/11/4	日付	2022/11/8
時間	11:00〜16:00	時間	14:00〜16:00
天気	晴れ後小雨 10℃	天気	雨 11℃
交換本数	150本	交換本数	0本
交換人数	89人	交換人数	20人
走行距離	24m+24m	走行距離	543m
歩数	3062歩	歩数	10532歩

B邸		美容室M	
日付	2022/10/29	日付	2022/11/3
時間	11:30〜15:00	時間	11:00〜15:00
天気	晴れ後小雨 14℃	天気	晴れ 16℃
交換本数	89本	交換本数	150本
交換人数	47人	交換人数	64人
走行距離	1373m+1607m	走行距離	832m+910m
歩数	14384歩	歩数	7218歩

● やきとりと交換した場所
● 立ち寄った場所

N

0   200 m

Y邸
- 縁側に並べて桜を眺める集伝器 -

K大学
3号館前
- 地域住民に研究を伝える集伝器 -

有備館駅
- 大屋根に沿って開く集伝器 -

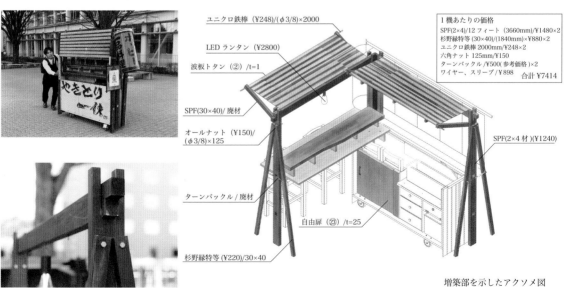

ユニクロ鉄棒 （¥248)/(φ3/8)×2000

LEDランタン （¥2800)

波板トタン （②）/t=1

SPF(30×40)/ 廃材

オールナット （¥150)/(φ3/8)×125

ターンバックル / 廃材

自由扉 （②③) /t=25

杉野緑特等 （¥220)/30×40

SPF(2×4材)(¥1240)

1機あたりの価格
SPF(2×4)/12 フィート （3660mm)/¥1480×2
杉野緑特等 (30×40)/(1840mm)×¥880×2
ユニクロ鉄棒 2000mm/¥248×2
六角ナット 125mm/¥150
ターンバックル /¥500(参考価格)×2
ワイヤー、スリーブ /¥898   合計 ¥7414

増築部を示したアクソメ図

巡る生命線
― 酪農が根付く邑の福祉

吉冨 衿香　法政大学

DAY 2
優秀賞

巡る生命線
― 酪農が根付く邑の福祉

[プログラム]農業・酪農拠点＋福祉施設　[構想／制作]3カ月／1カ月
[計画敷地]静岡県田方郡函南町丹那　[制作費用]50,000円　[進路]就職

吉冨 衿香
Erika Yoshitomi

法政大学
デザイン工学部
建築学科
山道研究室

01. はじめに：あるべきケアの風景

□切り離されたケア

　現在の福祉施設は地域との接点のない、日常と切り離されたものである。また福祉職員不足等が訴えられる昨今では日頃から互いが支え合うことが必要だ。ケアを日常の中でもっと身近に感じるにはどうすればよいのか。

□気にかける関係性

　ケア(CARE)の意味の一つである「気にかける」に注目する。まちで暮らす中で見かける人、関わる人を気にかける。この姿勢が、まちで日頃からケアを考えるために必要なのではないか。
　私はまちの人やそこでの産業などと関わりつつ、「気にかける」が伝播する町一体の暮らし方－在町福祉を建築から考える。

02. 対象敷地：酪農のある邑－丹那

静岡県田方郡函南町丹那。四方を山に囲まれた盆地で142年間酪農産業が生きているが後継者不足が課題。この邑にある円環状の道が特徴。

□豊かな外部空間

酪農や農業が根付く邑ならではの、豊かな外部空間が風景を彩る

酪農からの風景を守りながら人々をつなぐ
生命線となるモビリティは巡っていく

03. 提案：生命線を巡るモビリティ拠点

□モビリティと4つの拠点建築

　邑の生命線にモビリティを巡らせる。そして円環状の道沿いに4箇所のモビリティ拠点を提案する。
　拠点は酪農や農業を開くことに加え、邑にない必要機能や、福祉機能を掛け合わせる。邑の新たなモビリティ拠点建築が、この地に「気にかける」関係性を生み、人との関わり合いを取り戻す。

□邑のエレメント

　邑特有のエレメントを抽出し「気にかける」空間を構成する。このエレメントを用いて酪農や農業を邑に開き、拠点建築と接点を持つきっかけにする。

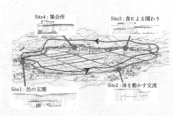

Site4：集会所　　Site3：食による関わり
Site1：邑の玄関　　Site2：体を動かす交流

04. 提案：巡るモビリティ

　人を運ぶ車部分と、日用品や農作物を運んだり販売したり、人が座ったりできる荷台部分を併せ持つモビリティが円環状の道を1日4回巡る。

＜一日の流れ＞

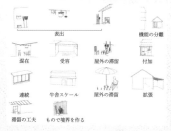

日常と切り離されたケアを身近に感じるための「在町福祉」を提案する。酪農が根付く邑を敷地とし、特徴である円環状の道の循環を活用する。そこに不足を補うサイクルを提案すべく、酪農や農業を開くことに加え、邑の必要機能や、福祉機能を掛け合わせた拠点を設計する。この拠点建築が、この地に「ケア－気に掛ける」関係性を生み、酪農を

支える人との関わり合いを取り戻していく。モビリティは毎日邑を循環し、酪農家や邑で暮らす人を結ぶきっかけとなる。この地を巡る生命線となるモビリティと建築が生む「気にかける関係」が、この邑と酪農を発展させていくのだ。

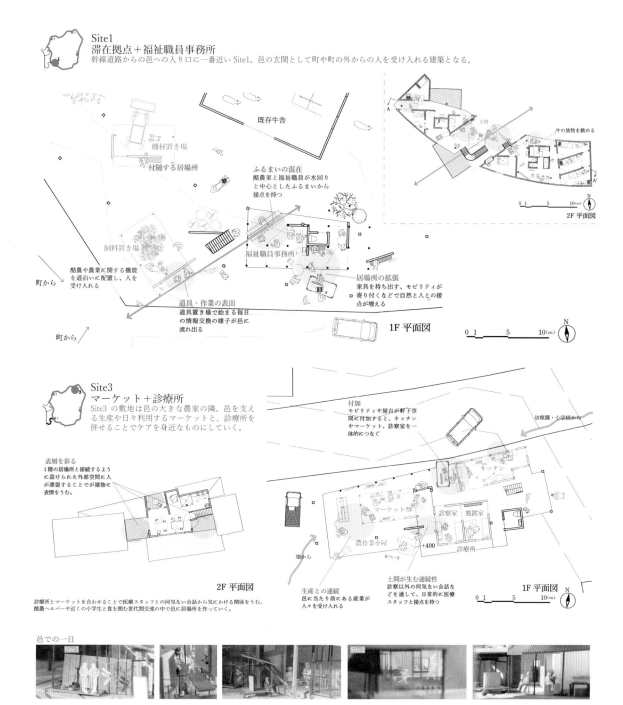

Site1
滞在拠点＋福祉職員事務所
幹線道路からの邑への入り口に一番近いSite1。邑の玄関として町や町の外からの人を受け入れる建築となる。

Site3
マーケット＋診療所
Site3の敷地は邑の大きな農家の隣。邑を支える生産や日々利用するマーケットと、診療所を併せることでケアを身近なものにしていく。

診療所とマーケットを合わせることで医療スタッフとの何気ない会話から気にかける関係をうむ。酪農ヘルパーと近くの小学生と食を囲む世代間交流の中で邑に居場所を作っていく。

邑での一日

辿り着かない少女
― 誘導建築 ―

[プログラム]駅／映画館　[構想／制作]2カ月／3カ月　[計画敷地]2050年の仮想都市
[制作費用]100,000円　[進路]早稲田大学大学院

荒牧 甲登
Kabuto Aramaki

工学院大学
建築学部
建築デザイン学科
樫原研究室

第一場「二種類のプラットホーム」

少女・セルヴァッジャは、SZSで話題の映画「スペクタクルジャ」を観ようと、普段は苦手な地下鉄の満員列車に乗った。スマートフォンで「スペクタクルの社会」のあらすじを読むことに没頭していたため直ぐに目的の駅についた。

〜中略〜

第二場「群集心理とフィルターバブル」

エスカレーターを上りきっても順路の表記は無く、代わりに更に上へ行くエスカレーターが目の前に迷っていないか少し不安ではあったが、周りの人は迷いなく上っているため付いていった。

〜中略〜

第三場「ラチ内とラチ外」

エスカレーターを降りりても未だ順路の表記は無い。ただ、通路が分岐しているように見えなかったため、目の前の一部だけ着色された階段へと進んだ。

〜中略〜

第四場「遠近法的価値」

階段を少し上るとようやく映画館への案内看板が見えた。

〜中略〜

第五場「沈黙の螺旋」

スロープは左右にある通路と絶妙に開けられた映画館の入口によって蝶旋階段があるう部屋に出た、少し戸惑いながらも戻ることは出来ないため上り始めた。

〜中略〜

「この蝶旋階段、少し変な気がする」

〜中略〜

第六場「ミニシアターの個性」

一つだけ無造作に配置された改札を出ると、なんの表記もない中心にセルヴァッジャは目にする、シアター毎に異なるエレベーター、があるではないか。

〜中略〜

映画館のエントランスについたセルヴァッジャはシアター毎に違う多様な光景を目にし、シアター毎にコンセプトがあるまるでシアター毎にコンセプトがあるかのように。ジャンルに統一感が無いのだ。

第一場「人間を監視するプラットホーム」

そう感じていると、エレベーターは目的階に着く前にある場所を通過し始めた。上階にある鉄道のホームだ。

〜中略〜

ただ、ホームに数人しかいないのにやたら視線を感じ、「見せ物」にされている感覚を覚えた。

〜中略〜

第二場「太陽の比喩」

しかし外側の外夜をよく見ると建物の中心にいくにつれて暗くなっており、部屋の壁以外の情報が何もなくとても閉鎖的であった。しかし、後ろから差し込む光によって後ろにも人が来ていることに気がついたため、一瞬間違いは無い、と改めて思った。

〜中略〜

第三場「消費という檻に囲まれた社会」

目的階に着く前にある場所を通過し始めた、上階にある普通のエスカレーターではないか、それに気づいたセルヴァッジャは、窓に沿って続く室内のスロープに進んだ。

〜中略〜

第四場「洞窟の比喩」

二つのエスカレーターが現れた、奥にあるものは普通のエスカレーターであるが、対照的に手前のものは先ほどのリング状の光よりも更に明るく上階の光に照らされていた。

〜中略〜

第五場「幾層にも重なる表象」

階段を上り始めると、上った先のセルヴァッジャは数分の余裕を持ってつけたことにほっとし、"theater"の表記が書かれた扉を開けた。すると目の前にはドアが開け、"防音のため二重なのかしら"しかし、"やけに急な階段だな"

〜中略〜

第六場「障壁 ─ 報道しない自由」

次の扉を開けてもまた同じ扉が。

〜中略〜

するとと目の前には先ほどと同じ扉の他に異なるガラスの扉があった、「もう一つ扉にはんぎわだわ、ガラスの先は階段に見たところガラスの扉の先は階段になっているし、今度こそシアターに着くはずだわ」

〜中略〜

「やけに急な階段だな」

〜中略〜

theater 1

文明の発達によって得た利便性は、"マスメディア"という媒介を通して、人間へ冥利をもたらす代償として自由を奪った。更には、自由を奪うだけでは飽きたらず、"アーキテクチャ"という物理的誘導装置を用いて人間の行動を操り、管理し始めた。本作品では、「市民に対して"完全な自由"を宣言しているが安全も保証するべく、密かに市民を特定し、誘導、そして管理する建築装置を維持している国。」で、我々の投影である"少女"が「ある映画を観に行くが目的のスクリーンとは別のスクリーンへ建築によって誘導させられる。」という小説を用意し、その物語の展開に沿って二つの建築「駅」と"映画館"が立ち上がっていく。

DAY 1 工藤浩平賞　DAY 2 山本想太郎賞

首都高を編み直す
～都市・水・記憶のノードをうむ近代インフラの発展的継承～

[プログラム]複合施設　[構想／制作]6カ月／1カ月　[計画敷地]東京都中央区日本橋
[制作費用]150,000円　[進路]芝浦工業大学大学院

佐倉 園実
Sonomi Sakura

芝浦工業大学
建築学部
建築学科
原田研究室

01.Concept 都市空間を編み直す

1. 新たな都市更新の提案

過去を覆う都市更新
これまでの都市は過去を喪失するかのように更新され、人と都市をつなぐ記憶が希薄になっていた。

編むことによる新たな都市更新
都市の更新をレイヤーの積層として捉え、都市と立体的に編み込むことでノード（結び目）を生み、都市の記憶を継承していく。

ノードの集まりうむ都市像
ノードが都市に広がることで、記憶の伴う都市像が生まれ、人と都市をつなぐ記憶が紡がれていく。

2. 首都高という都市インフラの再考

首都高は用地取得のため川の上や埋め立てにして建設されたものが多く、都市の水脈と深いつながりを持つ。

首都高を都市の水上拠点として再整備することで、水上に新たにうまれるノードは首都高という空間スケールの横断だけでなく、水上、土木というスケールの横断だけでなく、確かな記憶の蓄積が感じられる時間スケールの横断も起こり、身体性と時間性を帯びて都市をとらえることができるようになるのではないか。

02.Site 新たな起点としての日本橋

大規模な再開発に伴って2040年までの首都高の地下化が決定している日本橋。江戸時代から金融・経済のまちとして江戸東京の中心を担ってきた日本橋は、長い歴史を持ちながらも開発が絶えず、様々な課題を抱えている。

□ 撤去予定首都高
■ 新設首都高地下ルート

日本橋の課題

課題①再開発による分断

課題②水都の賑わいの喪失

課題③都市更新と記憶の継承

03.Proposal 首都高を編み直す

1. 人と都市の記憶を結ぶ都市ミュージアム

首都高を周辺の都市変化とともに編み直す。首都高という近代インフラによって編まれる建築の空間だけでなく、編まれていく都市の時間性も鑑賞対象とする建築を都市ミュージアムと定義する。

編み直される首都高

編み込まれる都市の変化

都市ミュージアムを鑑賞する人々

2. 都市・水・記憶のノードの起点となる日本橋

首都高の実際の解体手順に沿って部材を再利用する。大きく3つの段階に分けて設計し、各工程で都市の課題を解決するノードを編む。

□ 首都高出入口撤去予定（2022年〜）→Phase1/Phase2
■ 首都高完全撤去予定（2035年〜）→Phase3
□ 首都高完全撤去予定（2035年〜）→土台として活用

主要使用部材

04.Method 首都高の発展的継承

首都高の特性

首都高という土木構築物のもつ特性を活かしながら建築部材として漸次的に利用し、その記憶を発展的継承していく。

技術の遺産性

首都高を川の上に通すため、多くの設計が施された。

形態の独自性

部材をユニット単位で鑑賞することで、首都高の交通としての記憶が形態から読み取れる。

空間の冗長性

大スパンを飛ばすことが多いため、首都高は過度に大きく作られている。

形式の簡易性

首都高は鋼構造の反復性を重視した形式であり、床版と橋桁は分解可能で、床版はパネルとして再利用できる。

構造体の副次性

土木ならではの巨大な構造体は人が居場所にするような冗長性を持ち、様々なふるまいを受け入れる。

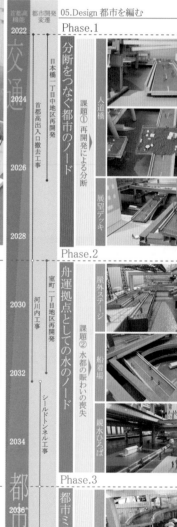

首都高機能　都市開発変遷

交通

2022
2024　日本橋一丁目中地区再開発　首都高出入口撤去工事
2026
2028
2030　室町一丁目地区再開発　河川内工事
2032
2034　シールドトンネル工事

都市ミュージアム

2036　首都高完全撤去工事
2038
2040～

05.Design 都市を編む

Phase.1　分断をつなぐ都市のノード

課題① 再開発による分断

人道橋

展望デッキ

Phase.2　舟運拠点としての水のノード

課題② 水都の賑わいの喪失

屋外ステージ

船着場

親水ひろば

Phase.3　都市ミュージアムとしての記憶のノード

課題③ 都市更新と記憶の継承

MICE施設

メディアセンター

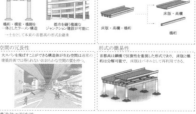

身体からまち、水上、都市への空間スケールの広がりや、過去から現在までの確かな記憶の蓄積と未来への展望を示唆する時間スケールの広がりを認識することで、私たちは今ここにある身体で、空間で、時間で生きることに安息できるのではないか。都市の記憶と開発を立体的に編み込む新たな都市更新を提案する。編む媒体として都市の水

脈に沿ってつくられた首都高に着目し、都市インフラの再構築による都市と人の再編を試みる。大規模な再開発に伴う首都高撤去が決定している日本橋を敷地とし、首都高の部材を周辺の再開発とともに編み直すことで、都市・水・記憶のノードをうむ。これからの都市再生、土木・景観の再編へつながることを期待する。

Section(Phase1)

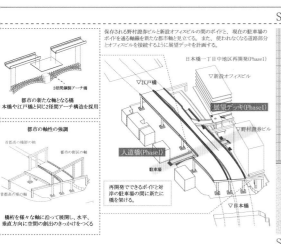

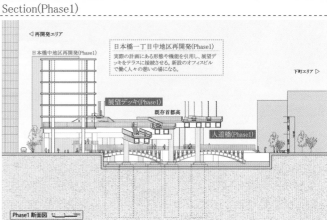

Section(Phase2)

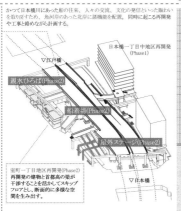

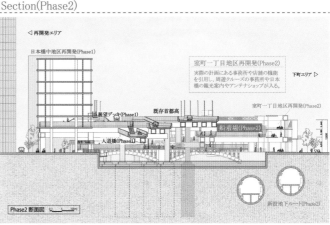

Section(Phase3)

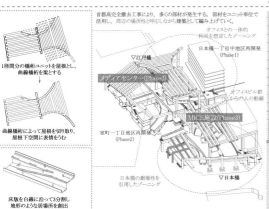

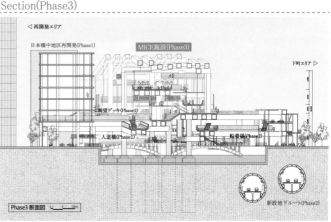

DAY 1
津川恵理
賞

東京浸透水域
— 根となる擁壁の更新と幹となる建築の更新 —

[プログラム]公共空間、複合施設　[構想／制作]6カ月／1カ月　[計画敷地]東京都北区東田端
[制作費用]100,000円　[進路]工学院大学大学院

馬場 琉斗
Ryuto Baba

工学院大学
建築学部
建築学科
冨永研究室

東京に浸透水域をつくる。現代の建築、土木は目に見える上層のコンテクストしか考えられていないと感じる。目に見えない土中環境について考えることがこれからの時代に求められる。大地に蓋をしている擁壁、建築を更新することで、土木の寿命、大地への荒廃した関係、緑地の減少など土木の転換期である現在に、動植物の生息域、人のコミュニティ、新しい風景を見せることはできないか。リノベーションではなく、今後も必要不可欠な土木インフラに対しての新たな共生作法、解決策として浸透していく。

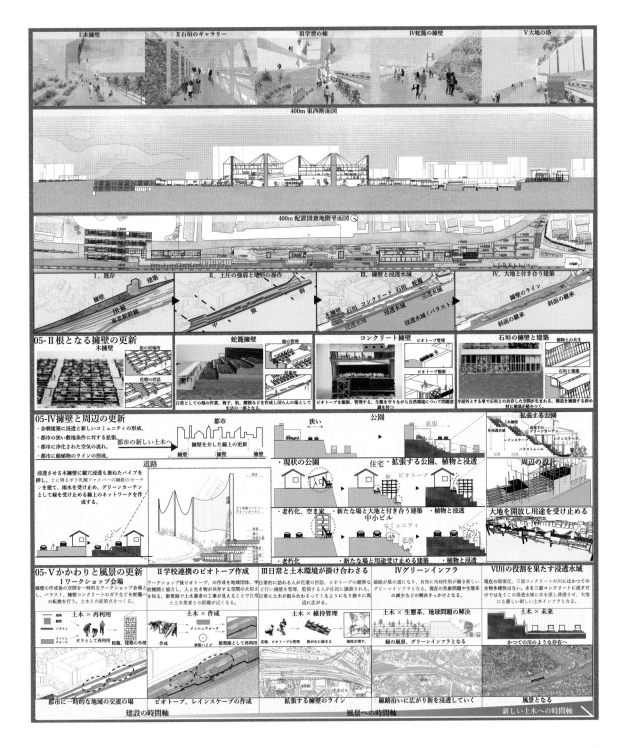

DAY 1
冨永美保
賞

「備忘録的建築」
― 記憶の蓄積装置 ―

[プログラム]メモリアルかつ儀式空間　[構想／制作]5カ月／7カ月　[計画敷地]福岡県八女市立花町
[制作費用]約50,000円　[進路]京都工芸繊維大学大学院

谷口 愛理
Airi Taniguchi

広島工業大学
環境学部
建築デザイン学科
鈴木研究室

「備忘録的建築」- 記憶の蓄積装置 -

現在、日本には消滅が懸念されている集落が多く存在する。その中で地域住民の意向や土地の歴史に合わせた集落の看取り方を見出すべきではないかと考える。ここでは「備忘録」のように、集落の記憶や歴史が集積されていく建築を提案する。計画する場所は、消滅が懸念される限界集落の1つであり、縮小しながらも残り続ける3集落の中心点となる場所である。この集落の人々は、観光地としての活性化や移住者促進を望んでいないことから、「集落看取り計画」を考案する。3集落の住民の思い出の風景や住宅の思い出の部材や品々が記録された「エンディングノート」を元に、それらを材料として消滅へ向かう集落のメモリアル建築を構築していく。

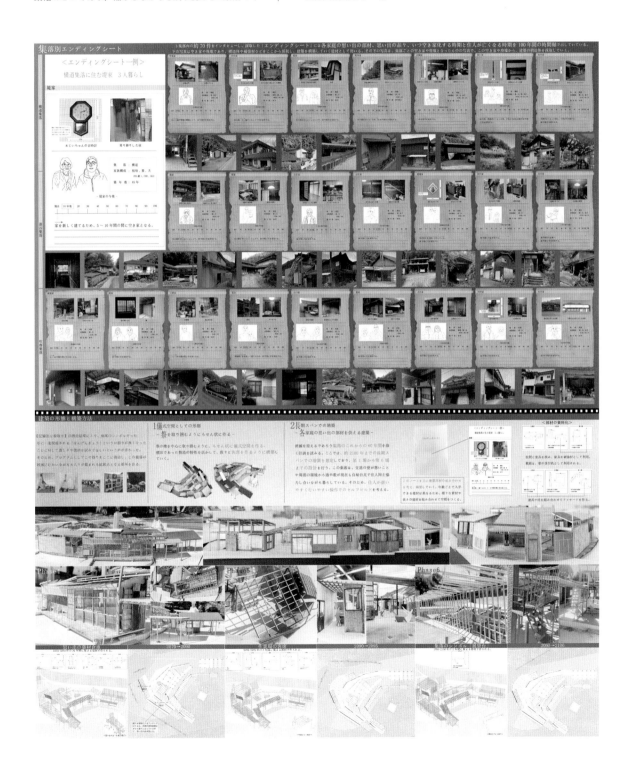

39

DAY 1
棗田久美子
賞

媒介の居
〜人・上水・緑地を取り持つ、新たな中間領域の提案〜

[プログラム]児童館・地域文化交流施設　[構想／制作]4カ月／1カ月　[計画敷地]三鷹市
[制作費用]150,000円　[進路]工学院大学大学院

圓谷 桃介
Momosuke Tsumuraya

工学院大学
建築学部
建築デザイン学科
伊藤研究室

Approach

After School Care Center

Study And Workspace

Site1 Master Plan Model

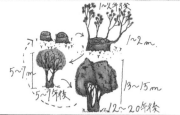

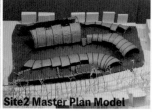
Site2 Master Plan Model

Biotope And Day Nursery

玉川上水が流れる三鷹市において、かつて人・上水・緑地の結びつきは強かった。しかし近代的なライフスタイルの確立は生活から豊かな自然環境を遠ざけた。現代の都市空間において、どのように環境と向き合えば衰退する一方の軌道を修正することができるのだろうか。上水の開拓とともに形成された塚と堀は現代における豊かな環境の土台を担い、三者を媒介する存在へと昇華している。大地の仕組みから着想を得たフレームを連続させることで三者を媒介する空間を建築が構成していく。緑地と公共施設を複合化することで自然の傍に安全な人の居場所をつくり、住民の活動とともに緑と建築が地域に根づいていく緑地の本来あるべき機能性を提案する。

Continuous mound

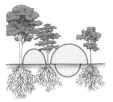

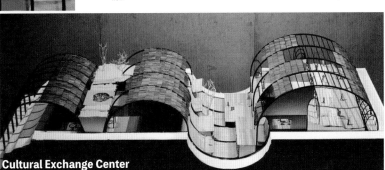

Cultural Exchange Center

Clean-Water Reservoir

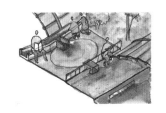

Lounge

Detail

≪帰路と旅路のシナリオ≫

9つの舞台装置が生み出す新たな瀬戸内の風景

[プログラム] プロムナード　[構想／制作] 9カ月／9カ月
[計画敷地] 土生高速船航路（三原-佐木島-因島-生名島）広島・愛媛．[制作費用] 50,000円　[進路] 就職

小玉 京佳
Kyoka Kodama

広島工業大学
環境学部
建築デザイン学科
平田研究室

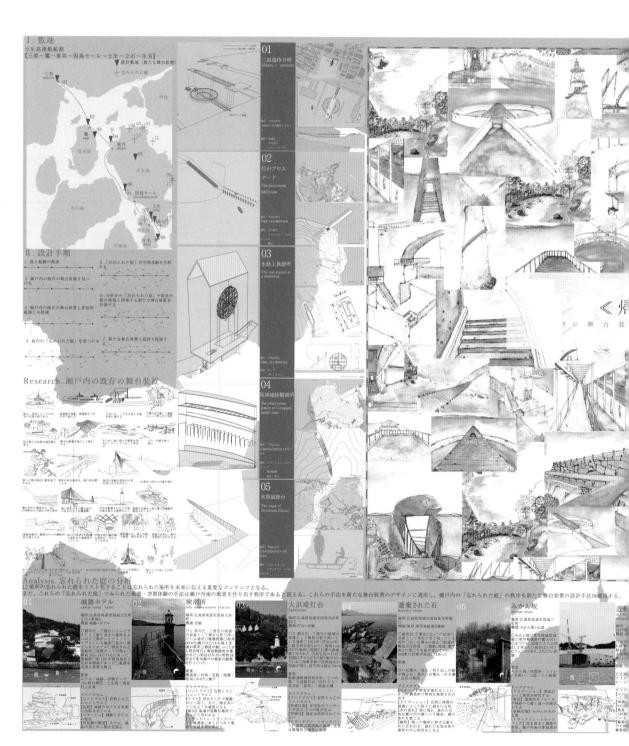

瀬戸内の島々には、建築的な美学や形式に捉われない周辺環境やプログラム等の条件への愚直な対応を優先させた建築や場所が多くあった。その無名の建築を見る体験は、その時の島民の生活を見るような魅力的な体験ができる建築や場所だった。それらの多くは、都市化・工業化によってつくられ、ある時が来ると島民から忘れられる。しか

し、よく見ると瀬戸内の現実を建物という形式を通して観察することに関してはどんな建築家の作品よりも優れていると思った。日常のふとした瞬間に瀬戸内の記憶が形や体験となって現れる。旅人である私の視点からここで暮らす島の人たちが日常の中の特別な風景を再発見するための9つの建築群を設計した。

不協都市のリハーモナイズ
― 3つのアプローチにより都市個性を結う音建築の提案 ―

都丸 優也
Yuya Tomaru

東海大学
工学部
建築学科
岩崎研究室

[プログラム]音楽ホール、楽器練習室、ショップ、公共空間(図書・レストラン・公園)他
[構想／制作]5カ月／1カ月　[計画敷地]神奈川県川崎市麻生区万福寺
[制作費用]200,000円以上(関連費込み)　[進路]東海大学大学院

過去の記憶を継承し
現在の都市・文化に寄り添い
未来の「芸術のまち」を発展させる拠点

芸術文化
建築
自然　都市

－都市個性を結ぶ－

音楽理論｜リハーモナイズ
作曲や楽曲アレンジにおいて、既存の曲の旋律(文脈)は変更せず、旋律を支える和音(骨格)の置換により曲(都市)全体に変化を与え、新しい響きや雰囲気を生み出す手法。

樹木ライン
地形ライン

←復元→　←置換(リハーモナイズ)→

丘陵緑地(過去)　　均された土地と独立する建築(現在)　　地に寄り添う建築(提案)

■東側(新百合山手中央通り側)外観パース

かつての風景の欠損部を現在の都市の居場所としてリハーモナイズする

■北側外観パース

整列し固定的な都市側に自然側からの流動的な形態をデザインする

■設計手法｜3つのアプローチ

■ポリゴンメッシュによる樹木の建築・屋根化
Approach I

敷地に隣接する万福寺ふるさと緑地内の樹木配置からポリゴンメッシュを作成し、敷地内に引き込む。この操作により、丘陵緑地を抽象化した建築ボリュームと隣接する丘陵緑地が調和し、かつての連続性を創出させる。自然を浸食する現在の都市に対し、自然側が都市側に侵食する形態をデザインする。

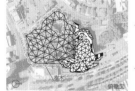

俯瞰図

樹木
↓
ポリゴン

■グラデーショナルに配列する音環境
Approach II

この建築の核となるコンサートホールと楽器練習室において、その外側に音漏れを許容し漏れた音を楽しむ空間を創造する。従来の厚い壁や前室等の明確な区分けを徹廃し、音源空間の境界を曖昧にすることで、利用者の行動や居場所により音源空間とその他の空間の関係性が柔軟に変化する新しい聴覚体験の場を提案する。さらに、音による空間操作【Sound】を用いた空間計画により、視覚だけでない聴覚的なつながりを持つ空間体験を利用者にもたらし、都市の喧騒・芸術文化活動の音と自然の音を各所でグラデーショナルに結びつける。

音漏れを許容する空間

【従来の音空間】音の境界が明確　　【提案する音空間】音の境界をぼかす

音源空間　　　音源空間

従来の箱に閉じこもる音楽活動空間の開放

■都市スラブと失われた地形ラインのマッシュアップ
Approach III

かつて存在した丘陵地形ラインを再生し、その等高線に基づいたレベルと流れを建築に反映することで、丘陵地であった記憶を継承する。次に、都市部から抽出したスラブ空間要素をもとに30の空間モデル【Urban Model】を作成し、その要素単体や組み合わせにより空間を構成していく。都市部と丘陵自然側の両者の地形が混在し協和する多様な居場所と新たな空間体験の場を構築する。

失われた等高線を再生し敷地に引き込む

商業・芸術文化の中心地として発展を続ける新百合ヶ丘（神奈川県川崎市麻生区）。小田急線新百合ヶ丘駅開業と都市発展に伴う大規模土地開発により、かつて薪炭林や農地として人々の生活とともにあった丘陵自然は大きく欠損してしまった。また、発展する都市で「しんゆり・芸術のまち」という地域ブランドを背景に育まれてきた芸術文化は、建築という箱の中で完結し都市に表出せず閉ざされている。本提案では3つのアプローチにより構成する建築によって、発展する都市・残される丘陵自然・育まれる芸術文化、ポテンシャルを持ちながらも分離する都市個性を今一度結び、不協和状態にある丘陵都市新百合ヶ丘をリハーモナイズしていく。

多種多様な
音の楽しみ方を発見できる
開かれた音の芸術拠点

漏れ聞こえる音楽を楽しむ

図書ラウンジ

自由なスタイルで音楽を楽しむ

音楽ホール・レストラン

漏れ聞こえる音楽に触発される

ショップ

失われた音を蘇らせる

おとの滝

漏れ聞こえる音でつながる

木漏れ日のおとみち

元ある音を再発見する

緑のおとみち

都市空間のポテンシャルを引き出す「Urban Model」
聴覚に働きかける音による空間操作「Sound」

生態学的視点による都市の転向
遺構を軸としたインフラの再生

[プログラム]遊歩道、研究所、立体公園 など　[構想／制作]5カ月／6週間
[計画敷地]横浜-桜木町駅間にある廃線となった遺構　[制作費用]150,000円　[進路]明治大学大学院

山田 凌
Ryo Yamada

明治大学
理工学部
建築学科
地域デザイン研究室

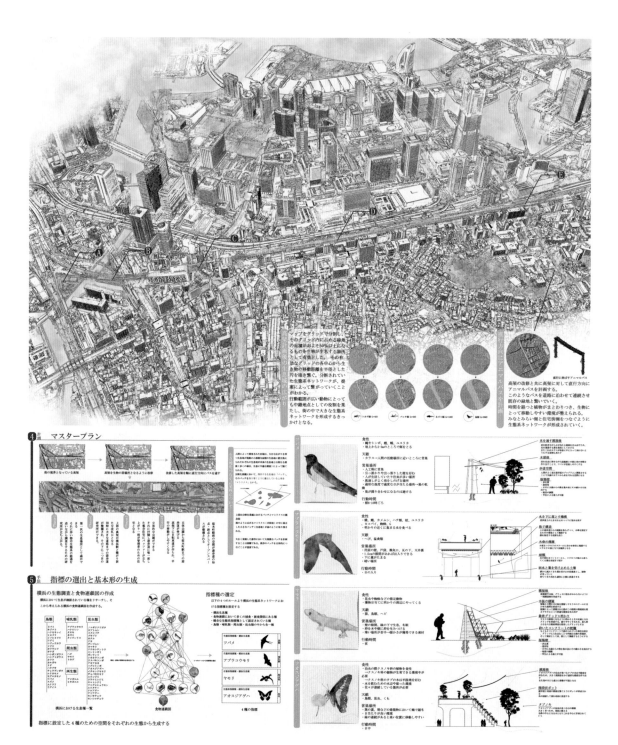

④計画 マスタープラン

⑤手法 指標の選出と基本形の生成

横浜の生態調査と食物連鎖図の作成

指標種の選定

横浜における生息種一覧　　食物連鎖図

指標に設定した4種のための空間をそれぞれの生態から生成する

都市部における生物との関わりは非常に少ない。自然体験の喪失は環境に対する意欲を減少させ、そうした意識は子供たちにも継承される。また特定の種の生息密度が極端に高くなることで起こる都市部の獣害も問題である。以上のように人間のためだけにつくられた都市は限界であり、人間以外の他者に対しても配慮していく必要がある。

そこで本設計では横浜-桜木町駅間に横たわる遺構を、人間・生物双方の拠り所として再計画する。横浜における生息種から4体の指標種を選出し、各種の生態から空間の基本形を生成する。それらを高架のコンテクストに合わせ適応していくことで、生物のための生息域・居場所を意図的に生み出し人間との共存の道を探る。

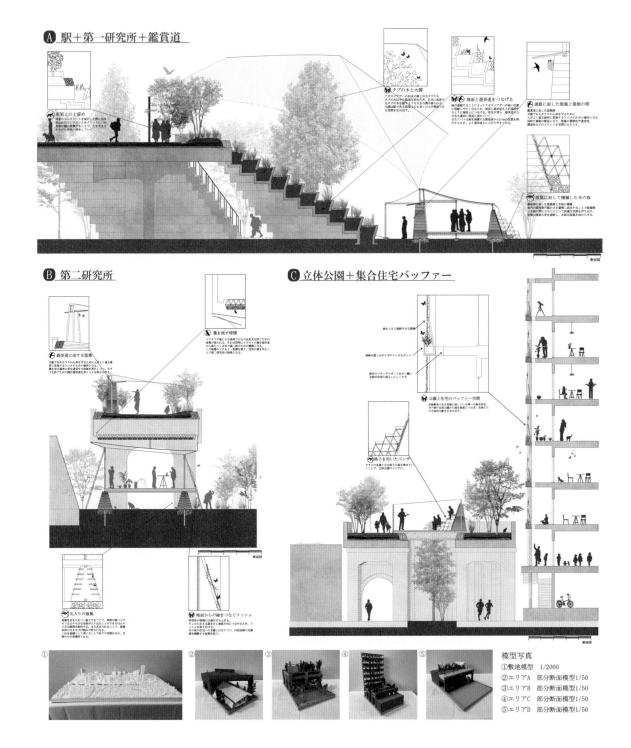

Ⓐ 駅＋第一研究所＋鑑賞道

Ⓑ 第二研究所

Ⓒ 立体公園＋集合住宅バッファー

模型写真
① 敷地模型　1/2000
② エリアA　部分断面模型1/50
③ エリアB　部分断面模型1/50
④ エリアC　部分断面模型1/50
⑤ エリアD　部分断面模型1/50

音像の採譜
— 音の記譜法が紡ぐ私の記憶 —

[プログラム]不定　[構想／制作]1.5カ月／2週間　[計画敷地]調布市高速道路IC前
[制作費用]100,000円　[進路]未定

土居 将洋
Masahiro Doi

東京理科大学
工学部
建築学科
坂牛研究室

設計手法

1. 音を録る
立体的に録音できる機材を使って第三者に録音してもらう。

2. 音を聴く
録音の場所を知らない状態で音を聴く。様々な像（＝音像）が頭の中に浮かび上がる。

3. 音像の更新と合成
音を聴くたびに音像は更新され音の辻褄を合わせるようにひとつの像に交わる（＝音像図）。

4. 形が生まれる
形を拾い上げていく。一体の空間が生まれる。

5. 敷地に置く
生まれた空間を敷地に戻す。ここで初めて敷地を知る。

6. 機能が発見される
敷地に置かれた空間から機能を模索していく。原初的な空間に対するアプローチ。

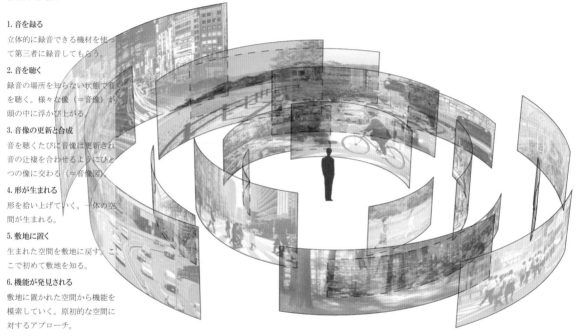

▼ 音像図（録音地点からみえる音像のパノラマ）

F　　　　　　　　R

▼ シークエンス図

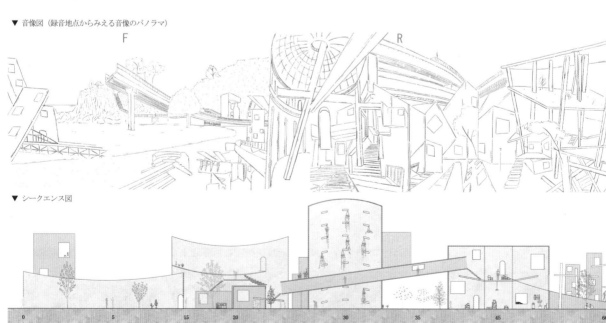

t (=minutes)

音には空間性や記憶から想起される映像性がある。音を知覚した際、音を発したオブジェクトのみが人に認識されるかというとそうではない。音の中にはそれを発生させたオブジェクト以外の情報も表れている。遠くで唸る電車の音、目の前を歩く人の足音。私たちは音がどの方向にどれくらいの距離で鳴っているか空間的に把握することができ

る。ある場所の音だけを聴いたとき、私たちは自分の経験をもとにその場所がどんな場所であるか無意識に想起される。記憶の中にある映像を参照しながら光景が思い浮かぶ。そのような特徴を持つ「音のみ」をコンテクストとして設計を行う。本提案では、現象としての建築とその記譜法を提案する。

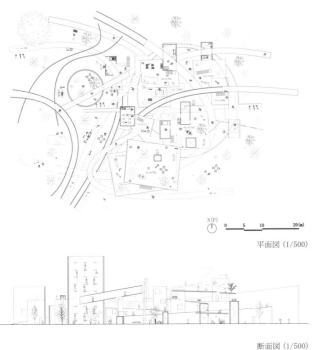

N(F)
0 5 10 20(m)

平面図 (1/500)

断面図 (1/500)

よく知っているが、全く知らない。

不思議なことにこの場所、この空間はすべての感覚が戻った後も、私が想像した音像と実際のその場所の実像が同時にみえる。目の前に見えている正確な視覚情報が、実在しないが確実にそこにある音像との間で揺らぎながらみえている。音像と実像の動的な平衡状態のなかで、あらゆる排反事象が同居した空間となった。馴染み深いが、全く知らない。懐かしく、全くの未知。複数の個別的な要素からなるが、完全にひとつ。音が鳴るたびにその平衡状態は変化し姿を変える。これは、そこに確かに存在する物理的な空間ではなく現象としての空間である。

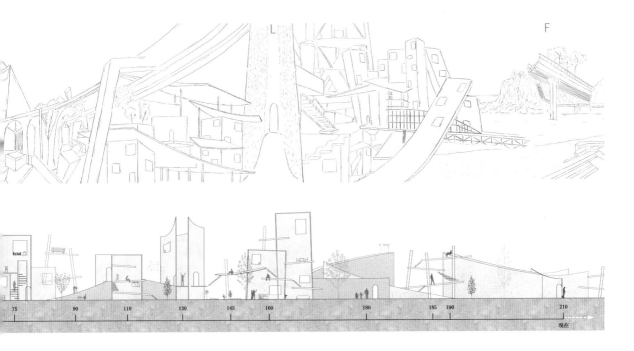

75 90 110 130 145 160 180 185 190 210

現在

建築家のパラドクス
〜制御不能な野性の面影〜

[プログラム]住宅　[構想／制作]10カ月／1カ月半　[計画敷地]神奈川県横須賀市
[制作費用]50,000円程度　[進路]明治大学大学院

土居 亮太
Ryota Doi

明治大学
理工学部
建築学科
構法計画（門脇）研究室

建築家D氏は独創的な建築を探求するが、建築の野性的な自律性が面影として表れてしまう。野性の面影は建築自身の自律性であり、材料や構法の制限からキノコのように自然発生してしまうものだ。このように、建築をコントロールする役割の建築家が、建築を制御することができない側面を持っている。これこそが建築家のパラドクスである。建築を全てコントロールしようとすることはどこかで齟齬が生じる。それは雨仕舞いや構造体、もしくは空間としての不自由さに表れてしまうものだ。この不自由さはモノだけでなく、そこで過ごす人にも影響するものだ。制御不能な野性の面影に向き合うことが、人とモノが自由に振る舞う建築へ繋がるのではないか。

構造体 限られた材料と技術の条件の下、構造的耐久力を考慮された

外壁 伝統を逃れ、鎧張りを横ではなく、縦に張ることを試みたD氏

屋根 一人で作ることを考慮して、竹の構造体と小さな木の板を積層することが考案された

細部

太陽集熱器

ろ過装置

竹構造の詳細図

廃材地図

各詳細スケッチ

結論

D氏の失踪理由
　D氏は思うままに建築を制御しようとした
　自分の意図とは異なる野性の面影を感じた

建築家の抱えるパラドクス
　手なずけることの出来ない、建築の自律性
　制御不能な野性の面影こそが、建築の本質的な姿

建築家はこの大きな矛盾に立ち向かわなければいけない。
この野性の面影に耳を傾けることが、
人とモノが自由に振る舞う建築へと繋がるのではないか。

DAY 2
総合資格
賞

混色する小さなせかい
横浜市黄金町の障がい者表現支援施設

———

[プログラム]複合施設　[構想／制作]4カ月／1カ月　[計画敷地]横浜市黄金町
[制作費用]80,000円　[進路]東京理科大学大学院

北林 栞
Shiori Kitabayashi

工学院大学
建築学部
建築デザイン学科
樫原研究室

電車から活動が見える

A 施設内への誘導

アートによって再開発されたまち、黄金町の木造密集地に塗り重ねと混色という手法を用いることで、ダウン症の弟が外の世界とつながることができる「障がい者表現支援施設」を提案する。アート施設と支援施設の間に挿入された境界が利用者の意思に沿って形を変え、隔てられた二つの要素をつなげる装置として機能する。

また、空間に公私のグラデーションをつけることで、濃淡のある居場所をつくる。

とまりぎのとんぼ
— 印刷工房を中心とした水辺のにぎわい拠点 —

[プログラム]複合施設　[構想／制作]4カ月／1カ月　[計画敷地]東京都墨田区千歳町
[制作費用]60,000円　[進路]法政大学大学院

福田 美里
Misato Fukuda

法政大学
デザイン工学部
建築学科
小堀研究室

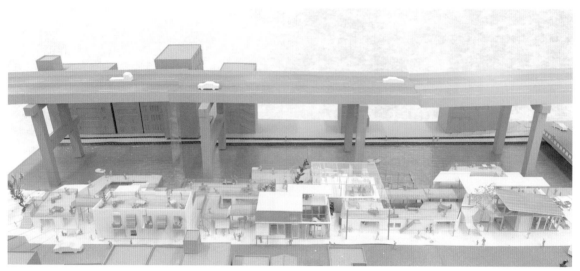

全体模型写真：川沿いのリニアな敷地において、水辺と地域を絡め取っていく

a.

b.

c.

d.

e.

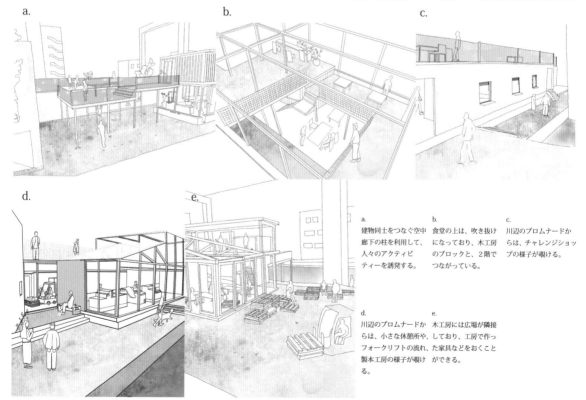

a.
建物同士をつなぐ空中廊下の柱を利用して、人々のアクティビティーを誘発する。

b.
食堂の上は、吹き抜けになっており、木工房のブロックと、2階でつながっている。

c.
川辺のプロムナードからは、チャレンジショップの様子が覗ける。

d.
川辺のプロムナードからは、小さな休憩所や、フォークリフトの流れ、製本工房の様子が覗ける。

e.
木工房には広場が隣接しており、工房で作った家具などをおくことができる。

トンボとは、印刷物をつくる一連の流れを行う人々にとって、とても大事な共通の目印だ。この建築も人々の共通の目印となり、蜻蛉が木に止まって羽を休めるように、人々がふらっと立ち寄り、思い思いに過ごすことのできる建築となることを目指す。近年、町工場の淘汰が進んでいる。印刷業もその一つだ。町工場のほとんどが下請け企業であり、閉じたコミュニティのなかで仕事が行われている。小さな工場から、大きな工場へと仕事が流れているなか、町工場の未来の形とは何なのか。町工場の人々、地元の人々、転入者、今まで交わらなかった人々の接点空間を設け、新しい出会いが起きるような町のにぎわい拠点を設計する。

1F Plan 1:100

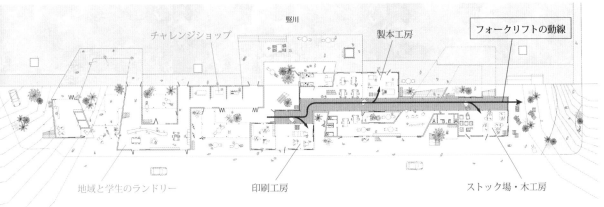

- チャレンジショップ
- 竪川
- 製本工房
- フォークリフトの動線
- 地域と学生のランドリー
- 印刷工房
- ストック場・木工房

■ 水辺を引き込む設計手法

竪川

東西に橋がかかる交差点沿いの細長い敷地

↓

印刷物の工程である、印刷→製本→ストックの流れに沿って、3つのブロックで構成された工場チューブを配置する

↓

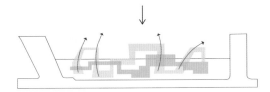

工場チューブを取り込むように水辺に向かって、賑わいのチューブを挿入させる交わった空間は、食堂やホールなど、人々の接点空間となる

■ 水辺を引き込む設計手法

2つのチューブが交差することでできた多くのすきまは、休憩所、遊び場、つどいの場、一人で過ごせる場など、訪れた人々にそれぞれにあった場所となる。

■ レベルの異なる水辺のデッキ

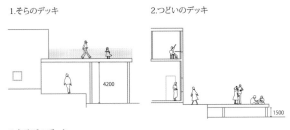

1.そらのデッキ

2.つどいのデッキ

3.あそびのデッキ

1.風と水を感じられる親水空間

2.最も広いつどいのデッキでは、さまざまな活動を引き起こす

3.水辺のアクティビティーを行える

DAY 1
カシワバラ
賞

人間のためのインフラへ
― 衰退するガソリンスタンドの可能性 ―

坂内 俊太
Shunta Bannai

千葉工業大学
創造工学部
建築学科
今村研究室

[プログラム]サイクルステーション・地域センター・ギャラリー　[構想／制作]6カ月／1カ月
[計画敷地]千葉県千葉市・神奈川県川崎市・東京都渋谷区　[制作費用]30,000円　[進路]千葉工業大学大学院

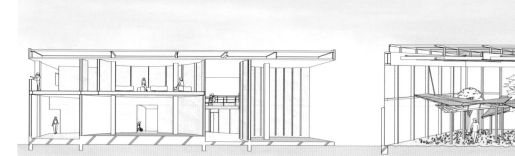

サイクルステーション　曲面・色・低速モビリティの挿入
SITE_1　千葉県千葉市美浜区打瀬

温室型地域センター　木造・植物・小さなスケールの挿入
SITE_2　神奈川県川崎市高津区子母口

アートギャラリー　閉塞感・迷宮的空間の挿入
SITE_3　東京都渋谷区松濤

公園のように尊く幸せのあふれる場は、未だ建築という形式の中で実現されていない。公園が公園たる要因は視認性の高さと開かれた場であるという共通認識によるところが大きい。現在衰退が続くガソリンスタンドは視認性の高さを有する。しかし、そこに開かれた場であるという共通認識は存在せず、それは廃業後も変わらない。この共通認識さえ獲得することができれば、廃業したガソリンスタンドは建築という形式の中で、新たな位置づけとなりうるのではないか。本提案では三か所のガソリンスタンドでその可能性を示した。このプロジェクトが拡がることでガソリンスタンドは車のための場ではなく、人のための場となり、都市を豊かにしていく。

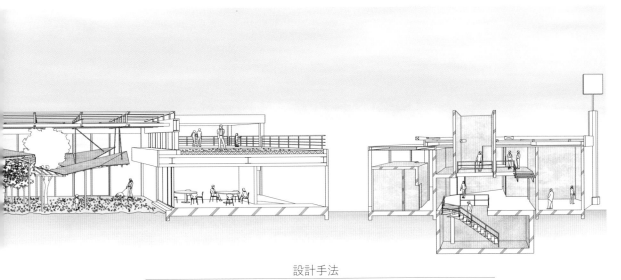

設計手法

GSの持つ様々な要素と異なる要素を挿入し，GSの負のイメージの転換を促す．
挿入する新たな要素で空間を構成しながらも，ふとした時に確かにそこにあったGSの痕跡を感じさせる建築を目指す．

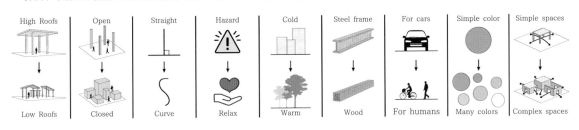

High Roofs	Open	Straight	Hazard	Cold	Steel frame	For cars	Simple color	Simple spaces
Low Roofs	Closed	Curve	Relax	Warm	Wood	For humans	Many colors	Complex spaces

設計プロセス

1. 要素の挿入

・廃業したガソリンスタンドに，既存の持つ要素とは異なる要素を挿入する．
・敷地に合わせ，プログラムを設定する．

2. 印象の転換

・「車のための場・危険で汚い場」という共通認識のある各ガソリンスタンドの印象が，挿入された要素により変わりはじめる．

3. 固定概念の転換

・衰退が進むと同時に，このプロジェクトがひろがり，人々の中の固定概念が変わる．
・ガソリンスタンドの形態から得られる共通認識が「人のための場」に変わる．

2　審査会

［0次審査］ 2023年2月17日（金）　会場：総合資格学院 新宿校

400を超えるエントリー作品から本選に進む50作品を選出するのが0次審査。教室いっぱいに並べられたプレゼンボード資料を、各審査員が一つずつ吟味し、推しの20作品と最も推す1作品に票を投じていく。その結果、各審査員が最も推す1票を獲得した作品と、2票以上を獲得した作品の計45作品の本選進出が確定。残りの5枠を巡って、1票獲得の作品を対象に再投票し、重複なく審査員5名が別々の作品に票を投じ、50作品が決定した。

［審査員］
榮家 志保
工藤 浩平
酒匂 克之
津川 恵理
山本 想太郎

［司会］
西田 司

想像力で新しい価値を
つくるのが建築

榮家 志保

卒 業設計はテーマを設定する際に、できるだけ遠くにボールを投げることが重要です。それが正しいか正しくないかではなく、これまでやってきた設計を打ち壊すようなテーマを掲げて、果敢に取り組んだ作品を評価しました。一方でテーマは一般的でも、独自の物語や手法で何度も練ってつくり上げた作品も評価したいです。問題解決型の作品が多かったのですが、問題のないところに対して、想像力で新しい価値をつくるのが建築です。社会的な問題からスタートしていても、それが新しい空間につながっていない作品は評価していません。また、卒業設計は伝わるか伝わらないかで評価が分かれてしまうので、「伝えたい」というエネルギーが見えることも大切です。

プレゼンボードは
審査員への手紙

工藤 浩平

卒 業設計はお祭りだと思っています。扱っているものがバラバラで異種格闘技のようで、それぞれの武器の持ち方という評価軸でパワーが求められます。また、内容がわからなくても可能性を感じられる作品や、全体像がきちんと見えている作品、その人のキャラクターが見える作品を評価しました。審査時間が短く判断が難しいため、最初の1周で40作品を選び、もう1周で20作品、もう1周で20作品と選んでいきました。プレゼンボードを見て気になったのは模型がないことで、全体像やパースには模型を入れた方がいいと思います。プレゼンボードは言わば審査員への手紙なので、わかりやすい言葉で、何を伝えたいのかをシンプルにすることを心がけて欲しいです。

研究の足跡が
我々の心を打つ

酒匂 克之

応 募作品が非常に多く、最初に会場を1周回って一通り作品を見て、そこで20くらい良いと思える作品が出てくればいいなと思って審査に臨みました。しかし実は、1周目ではなかなか選びきれませんでした。最初に評価できたのは13〜15作品ほどで、とても判断の難しい審査となりました。全体を見て感じたのは、最終的な形をつくるフィニッシュの手付きが似ている作品が多いということです。同じテーマや同じプログラムを扱っている作品が多かったので、どのような評価軸で選ぶのか大変だったという印象があります。その中でも、その人が取り組んできた研究の足跡が見えてくるものがやはり我々の心を打つので、そういう視点で作品を評価しました。

建築に希望を持つ
学生が少ない

津川 恵理

プ レゼンボードの表現はとても豊かだけれど、中身があまり深くないような作品は、騙されないように気をつけて見ていました。卒業設計は初めて自分でテーマや敷地を設定するので、その選び方や社会に対して何を問題提起しているのかというところで既視感のない作品、もしくは現代でこれを考えることに意味があると共感できた作品を評価しました。一方で、思想やコンセプトだけが充実していても形の提案になっていない、その手法に既視感のある作品は避けるよう評価基準を置きました。また近年、広い敷地に建築を点在させる作品が増えていますが、操作が弱いことが気になっていて、建築に対して希望を持っている学生が少ないように感じています。

新しい価値観まで
一歩踏み出す

山本 想太郎

建 築は何かが改善される可能性がなければつくる意味がなく、既にある価値観を再構成してもあまり意味がありません。皆さんはこれまで、学校で与えられた課題をどう解くかという訓練を受けてきていますが、卒業設計では「なぜその場所でその課題に取り組むのか」というコンセプトが必要です。さらに、建築に対する批評が求められます。しかし今は、建築が世の中であまり求められていない時代なので、建築で建築を批評するのが非常に難しいです。その中で、どういう手段で建築を批評するのか踏み込んで考えられている作品、そういう可能性がある作品を選びました。新しい価値観を提示するところまで、一歩踏み出さなければいけないのが卒業設計という場です。

DAY 1

2023年2月25日

DAY 1

［1次審査］

1次審査では、クリティークが全作品を回る巡回審査を実施。1作品1分の短い時間で端的に作品の主旨を伝え、質問に答えなければならない。はじめは緊張感の見られた出展者たちだが、会場は徐々にヒートアップ。各所で熱のこもった議論が展開された。続く非公開の選考議論では、各クリティークが10の持ち票を投票。その結果と議論により計11作品が2次審査に選出された。

選考議論 投票結果

［3票］	No.16／No.58／No.180／No.194／No.270／No.280／No.284／No.291
［2票］	No.56／No.66／No.208／No.237／No.251／No.341
［1票］	No.54／No.57／No.77／No.78／No.82／No.103／No.117／No.137／No.152／No.230／No.304／No.345／No.366／No.367

［2次審査］

2次審査では、1次審査を突破した11作品が公開プレゼンテーションに挑む。持ち時間は1作品につき4分のプレゼンと4分の質疑応答の計8分。模型とプレゼンボード、スライド資料を駆使して、より深く作品を伝えなければならない。また、1次審査で指摘されたことへの解答も求められ、作品に込めた想いを全て吐き出そうとする学生たちの懸命な姿が見られた。

2次審査選出作品

NO.	出展者	作品名
16	北林　栞（工学院大学）	「混色する小さなせかい」
56	馬場琉斗（工学院大学）	「東京浸透水域」
58	谷口愛理（広島工業大学）	「『備忘録的建築』」
180	佐倉園実（芝浦工業大学）	「首都高を編み直す」
194	圓谷桃介（工学院大学）	「媒介の居」
251	林　飛良（長岡造形大学）	「あなたもなれる、ケンチキューバーに。」
270	土居亮太（明治大学）	「建築家のパラドクス」
280	荒牧甲登（工学院大学）	「辿り着かない少女」
284	岩間小春（千葉工業大学）	「終のすみか」
291	梅澤達紀（神奈川大学）	「一休集伝器」
341	山田　凌（明治大学）	「生態学的視点による都市の転向」

［最終議論ダイジェスト］

28作品が票を獲得する接戦となった午前中の1次審査。そして、その中から選ばれた11作品が2次審査のプレゼン、質疑応答に挑み、いよいよ迎える最終議論。まずはクリティークたちが、これまでの審査を踏まえて現時点で評価する3作品に票を投じた。そこで2票以上を集めたのは4作品。これらを対象に、最優秀賞と各賞を決める最後のディスカッションが幕を開けた。

総合司会

西田 司
Osamu
Nishida

ゲストクリティーク

河田 将吾
Shogo
Kawata

冨永 美保
Miho
Tominaga

工藤 浩平
Kohei
Kudo

棗田 久美子
Kumiko
Natsumeda

津川 恵理
Eri
Tsugawa

建築は前向きであって欲しい

西田 投票結果から、2票以上を獲得している4作品を最終候補として議論していきたいと思います。まずはNo.58谷口さん。冨永さんと棗田さんの2票が入っていて、津川さんと工藤さんと河田さんが入れていません。冨永さんと棗田さんに推薦する理由を聞いてから、残りの3名に質疑を投げかけてもらいましょう。冨永さんからお願いします。

冨永 谷口さんの提案に対して評価したいと思ったのは、自分はもう生きていないような長い時間軸の中でつくって、最後にできたものの引き算です。「ここまでは私がつくって、ここまではマスタープランに入るけれど、ここから先はわからない」という、設計をどこまでつくって死ぬのかというところまでよく考えていると思います。見たことのないような書架や、独特なものの配置やルールをつくっていました。あとはプレゼンで「これは絶対やる、ここまで私が引いてあとはお任せする」ということを言いきってくれたらなお良かったのですが、これを考えたことでオリジナルの空間が活きているところに感動しました。

棗田 私も、エンディングノートに残したいと思うほど、大事に思っているものだけでできた建物というのがとても面白そうだと感じました。普通の建物はできないと思うので、もう少し一個一個の柱や置いてあるものが特別に見えるような構成や組み立て方ができると、さらに面白くなったのではないかと思いましたが、やはりストーリーがすごくいいと感じて1票入れました。

西田 では票を入れていない3名から、最優秀賞に推すには至らなかった理由や、聞いてみたいポイントなどを教えてください。

津川 とても長い射程で考えていることを高く評価したいと思う一方で、記憶を頼りに備忘録として残すというのは、アーカイブの手法に割と似ている気もしました。建築のアーカイブの手法というのはとても発展していて、それこそ超高精度な3Dスキャンで部材としてデータで残すこともおそらくできてしまう。でもこの作品の出来上がった空間には、部材の仕上げ材としての質感や、そこに人が介入するという身体性のようなものがあまり感じられませんでした。だから何十年ものスパンだったら、デジタル空間であってもアーカイブの方がストックとして最適なのではないかと少し思ってしまいました。つまりリアル空間としてできることの価値にあまり意味を感じられなかったというのが、少しだけ気になっているところです。

工藤 僕はこういうアーカイブの仕方がまちの体験としてそのまま残っていてもいいものかと疑問に思いました。できた物自体はとてもいいと思いますが、やはり敷地があって方角があって光があってといった全体感は残した方がいいと思っていて、断片だけで構成してしまっていいのか疑問です。たとえば、「江戸東京たてもの園」のようなアーカイブを見ると、かなり範囲は限定されているけれど、まち全体の体験の記憶は残されていると思います。その点で少しリアリティが感じられなかったので票を入れませんでした。

河田 プレゼンの時に前向きな気持ちが聞けたら、もう少しグッときたかもしれません。僕は建築というのは前向きであって欲しいんですよ。新たに何かをするということだから、前向きな気持ちになって欲しいけれど、それが少し感じられませんでした。造形力やストーリーのつくり方も全部完璧だと思いますが、そこが引っ掛かってしま

最終審査投票（各審査員が3作品に投票）

NO.	出展者	作品名	河田	工藤	津川	冨永	棗田	得票数
16	北林　栞（工学院大学）	「混色する小さなせかい」						
56	馬場琉斗（工学院大学）	「東京浸透水域」			○			1
58	谷口愛理（広島工業大学）	「『備忘録的建築』」				○	○	2
180	佐倉園実（芝浦工業大学）	「首都高を編み直す」		○				1
194	圓谷桃介（工学院大学）	「媒介の居」					○	1
251	林　飛良（長岡造形大学）	「あなたもなれる、ケンチキューバーに。」	○	○	○			3
270	土居亮太（明治大学）	「建築家のパラドクス」	○					1
280	荒牧甲登（工学院大学）	「辿り着かない少女」	○					1
284	岩間小春（千葉工業大学）	「終のすみか」				○	○	2
291	梅澤達紀（神奈川大学）	「一休集伝器」		○	○	○		3
341	山田　凌（明治大学）	「生態学的視点による都市の転向」						

いました。

西田 では、谷口さんどうぞ。これだけ前向きで
はないと言われたあとですが(笑)。

谷口 この卒業設計をつくる上で、今後増えてい
く消滅可能性都市や人に気づかれないまま消滅
していく集落に対して、建築家としてどういう残
し方をしたらいいのかを考えました。前向きでは
ないという意見もありましたが、自分としてはこ
ういう形でセルフビルドや増築をしていく過程
に、「祭のための儀式空間」になるような祝祭性
があると捉えていて、そういった前向きな部分も
あると思っています。また、残し方の一つの手段
として、この計画があってもいいのではないかと
思います。

意識を変えて、発展的なものに変える

西田 では続いて、No.251林くん。これは河田さ
んと工藤さんと津川さんが票を入れていて、冨永
さんと棗田さんが入れていないという、先ほどと
完全に反転した構造になっています。では河田さ
んから順にコメントをいただいて、最後に票を入
れていないお二人からその理由を聞きましょう。

河田 正直エールのつもりで票を入れましたが、
プレゼンが上手くて感心したのと、個人的に一番
身近に感じられる作品でした。プレゼンではきつ
いことも言いましたが、これを組み立てるのは建
築の本当の基礎の基礎の面白さがありますよね。
「ただ窓が開いているだけで気持ちいい」とか、
「窓と窓がこうつながっているから気持ちいい」
とか、誰にも説明できない、自分だけの建築の気
持ちよさを発見できそうな可能性を感じました。
デジタルだといろいろなパターンは出せるけれ
ど、窓から入る光のような感覚的な気持ちよさは
やはり手を動かさないとできないので、そういう

部分にグッときて票を入れたいと思いました。

工藤 問いの投げ方・答え方や、敷地設定をしな
くても自分の表現で社会と結びつこうとしてい
る態度がとても建築家らしいと思いました。それ
をきちんと組み立てながら他者とも会話してい
るような表現手段で、その組み立てがすでに建築
家みたいだなと思い、そこを評価しました。

津川 私は実務で、公共プロジェクトやワーク
ショップを通して、その地域でヒアリングをする
ことが多いのですが、それに対してかなり懐疑的
になっています。ヒアリングの場にはものすごく
限定的な人しか来ないし、その人たちの意見も全
部を拾い上げられるわけではなく、設計者が選定
しています。つまり、社会的な体裁を取っている
だけだったりするんですよね。この作品はそれに
対して、設計プロセスや形態決定を公共に開く形
をつくって、人が実際に3Dの模型をいじって組み
立てることができる。さらにそれをプロの人が
ゲーム化して、システム化してあげてある程度の
線引きをして、一般の人に託してあげるという方
法を取ったこと自体がとても画期的だと思いま
した。もちろんその形のプロトタイプのつくり方
にはもっとアップデートの仕方はありますが、そ
の方法自体を設計することも私は建築の設計だ
と思っていて、それはすごく次のレベルに進んで
いると思ったので評価しました。

西田 冨永さんはこの4作品のうち3作品に票
を入れているけれど、No.251にだけ票を入れてい
ませんね。

冨永 私は林くんの提案をコミュニケーション
ツールの開発だと思っていて、それは素晴らしい
ことだし実際に参加してみたいです。まず、建築
を議論する場をつくるという視点が面白くて、
カードの中身も興味深かったです。「ここはこう
だけど隣の人がこうつくったので」と議論して変

残し方の一つの手段として、この計画があってもいいのではないか――谷口

津川恵理 先生

家具を変えてもう一回スタディするなど、次のステージでは考えたい──林

えていけるエスキスのようで、「その場がどうあるべきか」という関係性の議論に持ち込んでいるのが、とても面白いと思いました。でも、そこで止まってしまっていて本当にもったいないです。ここから発展して設計に返せるようなフィードバックが積み上がっていくかもしれないので、そこがもう少し欲しかったというのが票を入れなかった理由でした。プレゼンも、実際にやっていることはきちんと意味のあることなのですが、「制作して楽しかった」という風に聞こえてしまったのが残念です。その意識が林くんの中でもう少し変わって、「これはもう少し発展的なものに変わる」と言って欲しかったです。

栗田 これはルールの設定を投げ出さずにとても緻密に計算されていて、ゲームとして成立できているところが素晴らしいと思いました。子どもや中高生がこのワークショップを通して建築に興味を持ったり、建築を身近に感じられたり、そんな気持ちを持ってくれるといいなと思います。

西田 では林くんどうぞ。

林 「コミュニケーションツールのように見えた」という意見ですが、コミュニケーションツールの先というのは具体的にどういうことを期待されていますか?

冨永 何時間かゲームをすると、「新しい場の関係性をメンバーと発見できる」と言っていたけれど、今までにはなかった関係性をもう少し複雑化して表したり、「ダイニングとお風呂の関係がこうだと面白いのではないか」とか、「それは変だよ」という人もいたり、そういう反応があってつくって、「なぜそれは変なのか」といったことを

ベタに蓄積しています。しかしそれが本当は変ではないかもしれなくて、「こうすることで新しいことができるかもしれない」という設計の発展に向かって欲しかった。たとえばいくつかプロトタイプをつくる中で、木造密集地に放り込んだ時にどうするのかなど敷地に当てはめてみたり、実世界にトレースしたり、発展の仕方はまだあると思うので、それを意識的にやったらいいと思います。ただおそらく、まだ開発して日も浅いし、卒業制作でつくっているものだから、求めすぎかもしれないというのもわかっています。

林 冷たい言い方をすると、このゲームはデータを取ってフィードバックをもらえるわけですが、たとえばあるキューブをリビングに使った人が多かったとすると、そのキューブはリビングに適していると思われやすいということです。そういったデータを収集するか、あるいは家具を変えるだけでも空間のイメージは大きく変わると思います。だから家具を変えてもう一回スタディしてみるといった、そういうことを次のステージでは考えたいと思っています。

津川 それをしてしまうと、AIができるようになると思うので、人間がいる必要がなくなると思います。データを取るということは、たとえば空間の敷地が何平米で、各教室の面積を最適化して配置するとなればAIがバーっと計算する。実際にそういうプラグインがすでにあります。私はこのゲームは、「どういう人がそこに来るかもわからないし、その人が何のカードを引くかもわからない」という偶発性が面白いと思っています。誰しもが計算可能ではないし、再起不可能というゲー

ム性がありますよね。その偶発性と実際に指を使って思考して、現実世界でプロトタイプとしてつくることに面白さを感じています。

| 西田 | 林くんもプレゼンの中で、ゲーム性とのバランスは考えたと言っていましたよね。

| 林 | そうですね、チューニングが大事です。

フィクション性が足りない

| 西田 | では、続いてNo.284岩間さん。これは冨永さんと棗田さんが票を入れていて、河田さんと工藤さんと津川さんは入れていないという先ほどと同じ構図です。棗田さんからお願いします。

| 棗田 | 自分の家を緻密に設計していますし、プロジェクトとしては本当にいいと思って票を入れました。ただ「すごくいいね」というので終わってしまう作品でもあるとは思います。

| 冨永 | 私は新しい公共性のようなものにたどり着けそうな予感がして、それを自分の内側から発現する「こうだったらいいのに」とか、「これは不安だな」といった誰もが共感できる言葉で形に組み上げた先に、新しい空間を見つけたところに相

当な手練れ感を感じました。こういう場ではその
くらい緻密に設計したものが評価されるべきだ
と思います。

西田 では少しうなずいていた工藤さん、どう
ぞ。

工藤 僕も票を入れるかギリギリまで迷いまし
た。新しい公共性があるという点にはとても共感
していますが、棗田さんが言うように「すごくい
いプロジェクト」で終わっている感じもするの
で、結局票を入れませんでした。でも冨永さんが
言うようにとても可能性があるのと、空間をつ

くっていて、かつ、こういうものも評価されなけ
ればいけないというのもよくわかりました。けれ
ど一人3票までなので、4票入れていいなら入れ
たかったです(笑)。

西田 では津川さんと河田さん、推しきれなかっ
たポイントがあれば教えてください。

津川 私もそれほどネガティブには捉えていま
せん。これは自分の実家なんですよね? だからす
ごく想いも乗っているし、かなり社会性のある
テーマに対して建築で丁寧に答えようとしてい
ます。おそらく、棗田さんがおっしゃった意見が
批評性だと思います。私もいい設計を評価したい
と思っていますが、それを超えるほどの批評性を
持った提案が並んだ時はやはりそちらに票を入
れたいのです。ただ、その批評性を掲げて自滅す
るタイプの作品もかなり多くて、そういう場合は
良い設計の人にきちんと票を入れます。そういう
意味で、結局卒展ではどうしても相対評価になる
ので、批評性を帯びている方に3票を入れたとい
う程度です。方向性には共感していますし、すご
くリスペクトもありますが、自分の持ち票を入れ
るだけの批評性があったかと言われるとそうで
はないというだけです。

西田 では困った顔をしている河田さん、どう
ぞ。

河田 今日見ている作品はフィクションだと認
識した上で、議論するべきはそのフィクションの
つくり方や設定の仕方だと思うのですが、この設
計に関しては人がいるのにいない感じが気に
なっていました。家の周りに建物が建っていて、
そこにおそらく人が住んでいて関係しているは
ずなのに、あまり伝わってこない。これが森の中
ならもしかしたらグッときたのかもしれないけ
れど、周りにも同じような建物が並んでいて、
フィクションとしても物語としても本当はもっ
と人同士が関わっているのではないかと思いま
した。ただ好きだったのは、3つの模型の木が少
しずつ変化しているところ。成長するのではなく
移動しているところに何か意味があるのかなと
深読みしてしまいました。これが外との唯一の関
わりかもしれないと思いながら見ていましたが、
やはり建築というのは、人間と外とのつながり
や、まちとの関係がどうしても切り離せないと
思っていて、そこがもう少し考えられていたら
グッときたと思います。

西田 岩間さん、いかがですか? 公共性は素晴
らしいがフィクション性が足りないと言われて
います。その辺りはどうでしょう?

岩間 自分が孤独死をしたくないという想いから設計を始めたので、設定が自分の家に寄ってしまって、周りの家の家族構成の変化まで想像しきれておらず、設計がリアリティを帯びてしまい少し想像力が足りなかったかもしれないという反省はあります。でも、だからこそこの設計だけを見て、もっとまちの人が入って来るのではないかということが少しでも伝わって、他の孤独死の可能性がある家にもこういうものを取り入れられたら、少しでも多くの孤独死を防げると思っています。自分の中ではそこで終わりという感じはなくて、こういう生活が滲み出る建築を設計すれば、自分以外の人の役にも立てるのではないかという考えでした。

西田 なるほど、いい答えですね。

現実世界と戦った
建築部分の提案を知りたい

西田 では最後にNo.291梅澤くん。これは工藤さんと津川さんと冨永さんが票を入れていて、河田さんと棗田さんが入れていません。今度は冨永さんからお願いします。

冨永 コミュニティデザインの大会であれば間違いなく一番だったと思いますが、果たしてこれは本当に設計なのかということです（笑）。でも、建築の議論において設計とコミュニティデザインはほぼ表裏一体ですし、同じ話だと思って票を入れました。ただ、もう少し知りたいと思ったのが、各場所において拡張性がどう変化したのか、設計途中で試行錯誤したことや発見したこと、場所ごとの工夫、集客の効果などです。それらを、実際に組み上げてリアリティの中でやったからこそわかる記録や感想を体裁よくページにまとめず、愚直に聞けたら良かったと思いました。でも素敵なので、設計を続けて欲しいと思います。

津川 卒業設計ではどの作品も、自分が生まれた場所を敷地に選ぶなど、自分の想いをすごく乗せてきます。でも建築家として社会に出ると、クライアントと対面して求められるものを成立させて建てなければいけないので、つくっているものが何なのか、そこにどういう価値や意味があるのかということをドライに見た時に、プレゼンが個人的なストーリーに少し寄りすぎているかもしれないと思いました。そこは1スパイスで良いかもしれませんが、それよりも、解体した素材の何をピックしたのか、部材の一つひとつの寸法は何かを知りたかった。モックアップを制作するメ

リットはその説得力だと思います。だから矩計がすごくしっかり描かれているといった、そのくらいのハードの提案をして欲しかったですね。たとえば消防協議をどうやってクリアしたのかなど、そういう現実世界と戦った建築部分の提案を知りたかった。それがプレゼンに含まれていなかったのが少し残念だとは思ったのですが、ポートフォリオを捲っていくと、どうやら何かを考えていそうなアクソメ図や図面があったんですよ。私はそこに期待して1票入れました。正直、岩間さんとどちらにするか少し悩みましたが、先ほどの批評性という部分や、新しい拡張性を考えていることに期待して票を入れてみました。

工藤 僕はシンプルにキャラクターが良かった。焼き鳥の出発点とか、卒業設計としていいなと思って票を入れました。

西田 では票を入れていない河田さんと棗田さんはいかがですか？

河田 こういう設計は楽しいんですよね。楽しんでいる様子がとても伝わってきましたが、どうしても他人のためにつくるというのが建築家の仕事でして、嫌なこともたくさんあるし、自分の思ったようにつくれないこともたくさんあるけれど、それが仕事。士業というのはそういうもので、これから社会に出る者への逆方向からのエールとして、賞をあげてはいけないと心を鬼にしました。梅澤さんの人となりも良くてグッときたのですが、そういう想いで票を入れませんでした。

棗田 確かにやっていることはすごいと思いましたし、物々交換のような仕組みも面白いとは思いましたが、それがもう少し屋台に反映されていると良かったですね。たとえば建物を解体した部材から屋台をつくったのなら、実は50mぐらい伸びるとか、逆にすごく縮むとか、または物々交換

のステージにできるとか、その辺りの発展があると票を入れていたかもしれません。

西田 では梅澤くん。楽しいだけではないと言った方がいいよ。

津川 自分事ではない話がもしあれば聞きたいです。

西田 冨永さんと津川さんが計画を知りたいと言っていますが、いかがですか？

梅澤 なぜプレゼンでまちやハード以外のことを取り上げたのかというと、それよりも今までやってきた感謝の気持ちや、まちの人に恩返しをしたいという気持ちが強くて、自分の日記のような感じの構成にしてしまいました。ただ、図面をしっかり描かないと結局寸法も合わなくて、何度もそういう場面に直面したのは事実です。本当におっしゃる通りで、建築的に見ると、ハードの部分は社会に出てから重要なところだと途中で気づきました。たとえば横浜で実際に消防の申請に行くと、「こんな図面では全然ダメだよ」とこっぴどく怒られたこともありました。今回改めて社会に出るとはこういうことなんだと実感したので、大学院に進んでから深く考えていきたいと思います。

津川 いいコメントだったね。乗り越えてきた。

西田 お二人は計画的な部分がもっとあるはずだと、どちらかというと計画的だと言ってくれているよ。

冨永 言って欲しいけど、ないならいいよ。

梅澤 具体的に言うと、屋台の設計の寸法はそのままオリジナルのものを使っています。設計に関しては、元々の店舗のカウンターがL字であり、拡張して増築を繰り返してきた様子を反映できたらと思い、カウンターがどんどん伸びていくようにしました。なぜあの形を選択したのかという

と、宮城県に足を運んだ際に、田園地帯に稲を挟んで濾す道具がズラーッと並んでいるのを見て、その姿が長いカウンターと重なって見えたので、そこからインスピレーションを得てこの形になりました。

西田 実直でいい答えですね。それでは、各審査員が最後の1票を入れる時間が来ました。投票結果を見てみましょう。

No.58　谷口さん……　　1票（河田）
No.251　林くん……　　　2票（津川・棗田）
No.284　岩間さん……　　1票（冨永）
No.291　梅澤くん……　　1票（工藤）

西田 以上のように、最優秀賞はNo.251林くんです。おめでとうございます！ 続いて優秀賞を決めたいと思います。No.58谷口さん、No.284岩間さん、No.291梅澤くんが1票ずつですので、林くんに投票した津川さんと棗田さんに再投票をお願いします。

No.284　岩間さん……　　1票（棗田）
No.291　梅澤くん……　　1票（津川）

西田 再投票で2作品が並びました。

津川 優秀賞2作品ではダメですか？

西田 賞状を1枚しか用意していないとのことですが、もう1枚は後日郵送にするということで、実行委員からOKが出ました。優秀賞は2作品とします。No.284岩間さんとNo.291梅澤くんが優秀賞です。おめでとうございます！

感謝の気持ちや、まちの人に恩返しをしたいという気持ちが強かった──梅澤

［審査総評］

目的や用途ではないのが今の時代だと感じた

河田 将吾

今日はさまざまな発見があってとても勉強になりました。自分が卒業設計に取り組んだのは20年以上前で、その頃は駅舎や病院など、目的や用途がきっちりと決まっているものが多かったです。その中で、どれだけ大きいものをつくることができるかという勝負のようでした。図面も手描きで、量が多ければ多いほど迫力が出るという考えが強かったです。今日、一番驚いたのは、どう使うのかわからない作品が多かったこと。いろいろ話を聞いても「何に使うんだろう」というのがわからなくて、逆にそれが今の時代だと感じました。ネットに用途が全て吸収されて、リアルな身体以外の用途はなくて、どう使うかは使い手が決める。大切なのは集まった人の気持ちとか、そこに対する自然や周りの環境とか、そういうものになってきていると、改めて実感できました。これから社会に出ると大変なこともあると思いますが、皆さんの作品を見てとても前向きな気持ちになれました。

いろいろな強い個性を持ったキャラクターがいる

工藤 浩平

僕が卒業設計をつくった時代よりも、扱うテーマの範囲がとても広がっていると思います。それはやはり、だんだんと新しい建築をつくれなくなっているからこそ、広げていかなければいけないという側面があり、それが皆さんからひしひしと伝わってきました。それを見て僕たちもとても共感するところがあって、僕もとても勉強になったし、建築をもっと考えたいと思いました。それからとてもいいなと思ったのは、皆さん一人ひとりに設計力がとてもあると実感できたことです。僕が学生の頃やそれ以前は、「設計が上手いのは学歴の高い人たち」だとなんとなく思っていたけれど、今はそうではなく、いろいろな強い個性を持ったキャラクターが全国にいて、競い合っているような状況ができていて、すごくいいことだと思います。だから皆さんは諦めないで設計を続けて、建築的な思考を持ちながらこれからも社会と関わっていってください。

私たちの建築に揺さぶりを掛けてくれる人に出会いたい

津川 恵理

これほど現代性を感じた卒業設計展は初めてでした。どの作品もとてもレベルが高く、取り扱っているテーマもすごく多様で、「もうそういうものに切り込む時代になったのか」と実感でき、建築家として良い意味での焦りを感じました。自分が実務でやっていることが時代から遅れを取っていないかと、考えながら審査していましたが、そういう相互刺激があるのがこの場所のいいところで、皆さんから学びを得られたのはとてもありがたいです。一方で、扱うテーマはいくつかのプロトタイプに分かれてきているとも感じています。どんな縮小社会になっても、建築を拡張することや歴史を更新することを、私たちの世代は諦めてはいけないと思っているので、もっと広い視野で、建築以外の分野や海外にも目を向けて、私たちの建築に大きな揺さぶりを掛けてくれる人たちに出会いたい。修士に進む人や社会に出る人も、またどこかで会うと思うので、その時を楽しみにしています。

建築はとてもいい世界

冨永 美保

私は学生時代に「卒、」に出展して、皆さんと同じようにプレゼンをして、上手く伝えられないとか、上手に言えなかったということがありました。でもわかってくれる人はどこかにいて、建築家として独立した後にその人と会う機会があり、「あの時の作品はこうだよね」と覚えてくれていることもあります。とても狭くてアットホームだけれど相互批評の場でもあり、建築はとてもいい世界です。最後の議論に残った4名は、コミュニケーションをつくる前提の時に必ず入れている4名だったと思います。建築は人間がつくるもので、人間がつくってきた歴史の中で、次は一緒にどうつくるのかを、きちんと言葉のコミュニケーションや物としてのコミュニケーションを全て投じて、お互いに「できるぞ」という状況にいたのがこの4名で、すごく勇気をもらいました。皆さんがこれから何をつくるのか、私はずっと見ていこうと思うので、楽しみにしています。

プロジェクトに対する想いが伝わってきた

棗田 久美子

400以上の応募作品の中から50作品を選ぶのがとても大変なほど、皆さんのレベルが本当に高く、いろいろ考えて設計していて本当に面白かったです。それぞれが問題意識を持って、それに対して独自の視点でアプローチするというのが皆さんできていてとても良かったです。タイトルが特徴的な作品が多いと感じたのですが、私が学生の頃は、タイトルは最後に適当に考えていました。そこにも皆さんの思い入れがとても感じられて感心しました。また、全体の印象として、使い手が建物に手を加えていくようなストーリーの作品がとても多かったように感じます。それ自体はとても良いのですが、使い手に丸投げするのではなく、手を加えやすくなる意匠的な工夫や具体的なルールの設定があると、さらに説得力のある提案になったと思います。

最優秀賞 林 飛良（長岡造形大学）

これからも子どもたちが笑顔になるような、一般の人にも建築の良さを知ってもらえるような活動をしていきたいと思っています。楽しい建築ゲームをこれからも考えていきたいと思います。ありがとうございました。

優秀賞 岩間 小春（千葉工業大学）

自分の「孤独死したくない」という自己中心的な想いから始まった卒業制作だったのですが、今日の審査で皆さんからいろいろなコメントをいただいて少し自信が持てました。ありがとうございました。

優秀賞 梅澤 達紀（神奈川大学）

本日はこのような会を開いていただいて、ありがとうございました。卒業後は大学院に進んで、今の研究を続けていって、もっと学術的にまとめていけたらいいなと考えています。その際はまた焼き鳥を焼きますので是非お越しください（笑）。皆さんをお誘いさせていただきます。

DAY2

DAY2

［１次審査］

クリティークが全作品を巡回する１次審査。
DAY1では緊張から硬さの見えた出展者
たちも、前日に５名のクリティークと対話し
た経験を活かし、プレゼンをブラッシュアッ
プして臨む姿が随所に見られた。非公開の
選考議論では、投票の結果、２作品が４票
を集める高評価。３票以上を獲得した８作
品と、２票の作品から議論により３作品、計
11作品が２次審査進出となった。

選考議論 投票結果

［4票］	No.180／No.237
［3票］	No.16／No.22／No.194／No.275／No.284／No.341
［2票］	No.44／No.56／No.58／No.66／No.72／No.97／No.123／No.251／No.259
［1票］	No.62／No.77／No.103／No.231／No.280／No.291

［2次審査］

DAY1に引き続き1次審査で10選に絞りきれず、選ばれた11作品が臨んだ2次審査の公開プレゼンテーション。クリティークが変われば審査する視点も変わり、質疑応答では前日とはまた異なる着眼点からの質問、指摘が投げかけられ、作品の核心まで掘り下げられる。対する学生たちは、模型やスクリーンのスライドを指差しながら、熱意を込めて自身の作品を伝えていった。

2次審査選出作品

NO.	出展者	作品名
16	北林　栞（工学大学）	「混色する小さなせかい」
22	東　尚生（芝浦工業大学）	「承継するプロムナード」
72	北野　智（大阪産業大学）	「トンボの翅の中で茶の香りを楽しむ」
123	都丸優也（東海大学）	「不協都市のリハーモナイズ」
180	佐倉園実（芝浦工業大学）	「首都高を編み直す」
194	圓谷桃介（工学院大学）	「媒介の居」
237	吉冨衿香（法政大学）	「巡る生命線」
259	土居将洋（東京理科大学）	「音像の採譜」
275	福田美里（法政大学）	「とまりぎのとんぼ」
284	岩間小春（千葉工業大学）	「終のすみか」
341	山田　凌（明治大学）	「生態学的視点による都市の転向」

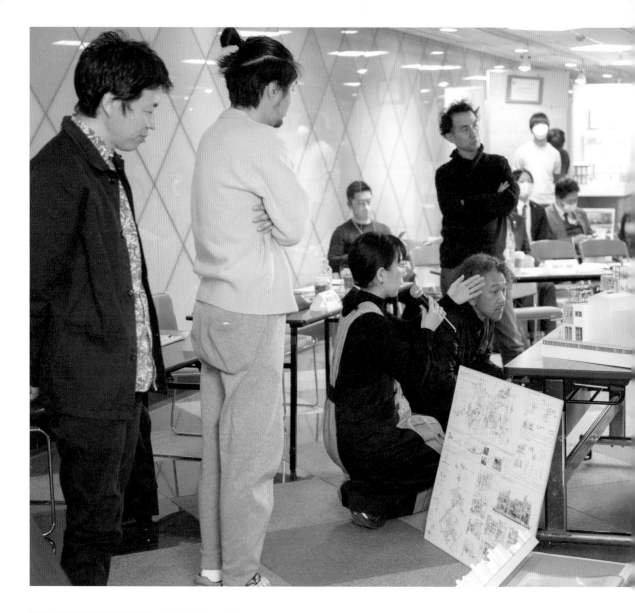

DAY2

［最終議論ダイジェスト］

クリティーク4名からの支持を得た2作品がリードする結果となった1次審査。続く2次審査での、選出11作品のプレゼンと質疑応答を終え、ついにクライマックスを迎える「卒、23」。ここまでの審査を踏まえた投票の結果、4票1作品と2票3作品の計4作品が最終議論の俎上に載せられることとなった。この中から、最優秀賞と各賞の栄冠をつかむのはどの作品か!?

総合司会

西田 司
Osamu
Nishida

ゲストクリティーク

榮家 志保
Shiho
Eika

堀越 優希
Yuki
Horikoshi

酒匂 克之
Katsuyuki
Sakoh

山本 想太郎
Sotaro
Yamamoto

須崎 文代
Fumiyo
Suzaki

最終審査投票（各審査員が3作品に投票）

NO.	出展者	作品名	榮家	酒匂	須崎	堀越	山本	得票数
16	北林　栞（工学院大学）	「混色する小さなせかい」					○	1
22	東　尚生（芝浦工業大学）	「承継するプロムナード」						
72	北野　智（大阪産業大学）	「トンボの翅の中で茶の香りを楽しむ」						
123	都丸優也（東海大学）	「不協都市のリハーモナイズ」		○	○			2
180	佐倉園実（芝浦工業大学）	「首都高を編み直す」					○	1
194	圓谷桃介（工学院大学）	「媒介の居」				○		1
237	吉冨衿香（法政大学）	「巡る生命線」			○	○		2
259	土居将洋（東京理科大学）	「音像の採譜」	○	○				2
275	福田美里（法政大学）	「とまりぎのとんぼ」	○					1
284	岩間小春（千葉工業大学）	「終のすみか」	○	○		○	○	4
341	山田　凌（明治大学）	「生態学的視点による都市の転向」			○			1

人工物と自然物の中間をどうつくるか

西田　それでは投票結果を見てみましょう。複数票を獲得しているのが4作品ありますので、これらを最優秀賞の候補として議論していきます。もう少し深く聞いてみたいポイントなどがあれば発言していただければと思います。ではまずNo.123都丸くんに関しては、酒匂先生と須崎さんが票を入れています。いかがでしょうか？

酒匂　単純に完成度が高く、地域とその地形を読んでいる感じがしたので、実は最初に票を入れようと決めました。私は建築が専門ではないのでポリゴンの屋根に関してはあまり考えませんでしたが、その中で出来上がった空間を重視して見ていった時に、私が一緒に関わってやると想定してみると、とても豊かな空間を感じながら中のインテリアや家具をつくりこんでいくという、純粋に建築の楽しさが感じられると思いました。いろいろな指摘があった裏の直線の道は、当然、実際に実務でつくる時にはどんどん変更されていくと思うので、現時点では主ではないと思っています。そういった観点から見た時に、とても感性が高くて豊かな空間がつくられていて、実際にこの地域にその空間自体が還元されていくのだろうということが感じ取れたので、最初にこの作品に1票を入れました。

須崎　私も同じような意見ですが、実際にこの建物が地域にできたら直感的に建築として受け入れられるだろうし、新しい価値を創造すると思います。そして音響空間が音楽だけではなく演劇などさまざまな場面で使われることを想像すると、純粋に評価できると思って票を入れました。

西田　では続いて、票を入れていない先生方から堀越さんどうぞ。

堀越　ものすごく完成度が高くて面白いプロジェクトですし、実際にできたら行ってみたいと思える場所もたくさんあるので、とてもいいと思います。ただ惜しいのは、僕は逆に、緑地との境界がやはり主になり得る場所ではないかと思っていました。この建築のテーマとしてはそこが詰めきれていないところで、票は入れられませんでした。

西田　榮家さんはいかがですか？

榮家　もし4票目があればこれという感じでした。その理由はやはり外部空間ですね。内部空間はとても良くて、入った瞬間に視線が上に抜けて登っていきたくなったり、下っていきたくなったりする空間ができていて、かつそこにレストランと劇場が混ざり合ってとても魅力的な空間になっています。その一方で断面模型に騙されないぞという気もして（笑）、山側や裾野側に関して、大きな屋根の下に外部空間がどのように入っているのか、周辺との関係を表すパースが欲しかったです。断面模型はとてもいいけれど、俯瞰のパースからは、山との接続がスパッと切れてしまっているようにも感じてしまいました。外部空間との関係に関してもし何かあれば教えてください。

都丸　外部空間に関しては音楽ホールを核にしていますが、その外側に音漏れを共有するバッファ空間があって、そこまで屋根が下りています。その屋根をポリゴンでつくっていて三角形同士が開いている部分があり、そういったところの間をくぐり抜けていくイメージで登っていく、半屋外空間のようなものも外にあります。この半屋外空間には、現在の新百合ヶ丘のまちから、ポテンシャルを持ちながらも使われていないものをリサーチして30のモデルをつくって点在させて

います。そういった空間一つひとつが芸術の発生する場所や人が集まるような場所になっているということです。内部空間は内部で行われるアクティビティの音に特化しているのに対して、外側に関しては潜在的に保全されている里山が残っているので、本当に気づいていなかったような音を感じさせ、普段は聞き過ごしてしまう自然の音など、どちらかというと聴覚的な刺激を与えるような空間としています。直線動線に関しても、長い動線を1本通してあげることで、歩いている中で里山の音を意識しなくても聞こえてくるような空間体験を大事にして、外側を計画しました。

［山本］　気になったのは、自然と建築の関係性の有り様がこの姿でいいのかという点です。自然地形と建築を組み合わせるというのは結構難しいことなんですよ。なぜ難しいかというと、建築には構築原理があって、それと自然の力学の原理が少し違うからです。けれど今の技術であれば、自然と建築の境界をもっと曖昧にできるはずです。君がやりたいのはおそらく人工物と自然物の中間的なものだと思いますが、そうだとすると、現代的なバランスポイントはそこではなくて、もう少し自然の方に行くのではないでしょうか？　たとえば立木の間隔、そのスケール感を見出した視点は面白いので、ちょっと不可能かもしれない技術を使ってでも、人工物と自然物の中間状態をどうつくるかというところですね。それをポリゴン三角形に還元するというのは、今はもう使い古された手法かなと思ってしまいます。着眼点はいいので、そこに踏み込んで欲しいという想いで票を入れませんでした。けれど建築的な完成度で言え

ば、これを評価しないようでは建築教育としてどうなんだと思うような完成度だと思います。

［西田］　都丸くん、ポリゴン三角形が古いと言われているけれど、反論した方がいいんじゃない？

［都丸］　使い古した手法と言われるとそうかもしれませんが、選んだ理由の一つとしては隣接する里山が関係していて、里山は新百合ヶ丘において南の顔として、一つのシンボル的な存在として残されています。そのシンボリックな象徴する場所として少し浮かせたいという気持ちもあって、ポリゴンを選びました。都市にも自然にも溶け込みすぎない間を狙って、ポリゴンという象徴的アートのような形を選んで全体を構成していったという流れがあります。

［山本］　いや、アートであることは全然OKですよ。むしろそうでなければならないのでそれでいいと思います。むしろアートだからこそ、もっといろいろ選択肢があると思ったということです。

酪農だからこその形態やあり方

［西田］　では続いて、No.237吉冨さん。こちらは酒匂先生と堀越さんが票を入れています。では堀越さんからお願いします。

［堀越］　吉冨さんと岩間さんの作品はプレゼンテーションを聞いて票を入れました。最初にプレゼンボードを見た時は、丁寧につくり込まれていて面白そうな計画だと思いつつ、内に閉じてしまっていることを懸念していましたが、つくったものを見て話を聞いてみると、解像度の高さによって逆に開かれるというレベルに達しているような気がしました。おそらく村の中だけで完結しているものではないと思うので、さらにそれが外とどうつながっていくかという話が、これをつくることによってそこからまた始まるような気がして良かったです。

［酒匂］　道路を上手く活用しながら、見守るということを全面的に押し出さないで、酪農を通じて守っていく形はとてもいいと思いました。モビリティの部分にもう少し工夫が欲しかったのですが、全体の計画は良かったです。また、「風景に対してのアプローチ」と言っていたので、それですごくイメージができて、建物の高床の成り立ちなどいろいろなビジョンが絵として見えてきたので票を入れました。

［西田］　では他のお三方から、逆に「こういうところはどうなのか」とか、「これは聞いてみたい」ということがあればお願いします。

外部空間が「気にかける」という関係性につながっていく——吉冨

山本 新鮮な衝撃を受けた作品の一つです。この4つの拠点をあのループ上の道につくるというプロジェクトをもし僕がやるとしたら、わかりやすいアイコンをつくったと思います。棟を4つ建てたり、赤く塗ったりして関連性を持たせようとしたと思うのですが、彼女がやろうとしているのはそういうことではなく、街並みがすでに持っているコンテクストを少しだけ強調するものを4つ差し込むことによって、全体が強まっていくというやり方でした。それが物の挿入の仕方としてなかなか巧みで、僕自身も勉強になりました。面白い提案の仕方ですし、それを思いつきだけではなく非常に丁寧に積み上げて構築しています。残念ながら投票できるのは3票までと限られていたので入れられませんでしたが、とてもいい案だと思っています。

榮家 私はストーリーとしてとても美しい建築だと思った一方で、設計した建築がそのストーリーに対してどこまで本当に働きかけているのかが少し掴みきれなかったので、票を入れませんでした。ただ、「気にかけるものを空間化する」というワードは結構面白いと思っています。そのワードと酪農家が元々持っている建築の空間性の共通点を見出して、今回の計画に発展したと思うのですが、その辺りをもう少し詳しく聞きたい

です。

吉冨 肥料までつくったり、餌を循環したりといったところまで成り立っている酪農の循環がこの村の魅力だと見出しました。そういう酪農自体のつながりが存在している一方で、これまで会った人とのつながりや、この村に必要なものがどんどん薄れていっています。その点から、外部空間が酪農のためだけではなく、そこで過ごしている人や、近所を通り掛かった人などと話をするような接点にもなっていて、人との結びつきや外からの人を許容していくような建ち方になっているという点で、「気にかける」という関係性につながっていくと考えました。

須崎 私もほとんど同じような感想ですが、酪農が中心の地域で緩やかな円弧が描かれて浮き立つことで、風景もより美しく見えてくる絵がとてもいいと思いました。アプローチの点でも、コミュニティデザインなど具体的な視点が挙げられていたのがとても良かったです。ただ、私は日本常民文化研究所で民俗学や能などの伝統を扱っていて、その視点から少し気になったのは、酪農を営んでいる村や住宅だからこその建築の形態やあり方はどうなのかという点です。たとえば、牛舎や牧草や干し草などもとても美しい風景の一つだと思います。それが生産の場の一連のも

のとして描かれていた方がより良い作品になったのではないかと思いました。最近、「住宅建築」や「住宅特集」といった雑誌を読むと、土間を持っている提案が増えています。今回も土間というか、高床で地面はコモンズとして使うという提案があったと思うのですが、酪農の土地だからこそのもう一歩踏み込んだデザインがあれば良かったと思いました。

吉冨　確かに牛舎も大きな軒に柱がズラッと並んでいる列柱空間で、解放的なものをこの村は取り入れていると思うのですが、そういう酪農から生まれるものや酪農の風景を、イメージとしてもっと全体に描き込めたら良かったかもしれません。

共感できる何かが欲しい

西田　では続いてNo.259土居くんです。榮家さんと堀越さんが票を入れているので、まずお二人からコメントをいただいてもいいですか？

堀越　ある種の懐かしさのある卒業制作という感じもしますが、こういうアプローチは建築家にとって大事なことだと思っています。やはり建築は現実に具体的な物をつくるので、最後の最後に形なり色なり素材なりの決断を迫られるんですよ。その時に、一体どういう基準で判断を下すかということをとことんまで突き詰めていくと、人とコミュニケーションを取るために、自分の個人的な空間体験を抽象化して取り出さなければいけないと思います。それがこれから建築設計を行っていくうえでとても大事だと思っています。プレゼンもなかなか面白かったですし、たくさんある決断のステップを軽やかに飛び越えて、最後に形まで持っていくところが素晴らしかったと

思います。

榮家　私も思考実験としてとても興味深いと思って票を入れました。個人の内側に向かっていくような設計は揶揄されがちなところもあると思いますが、内側に向かえば向かうほど、それを人に伝えた瞬間に同じような内側を持っている人に共感されて、一気に社会に開かれる瞬間があると思います。逆に常に普遍的な言葉ばかりで表現していると、ずっとそのレベルでしか人と共有できません。この思考実験をとことん繰り返していく中で、新しい問いがどんどん生まれていっただろう手順があって、その問いをさらに生み出していく点も面白いと思いました。

西田　他に質問はいかがですか？

山本　先ほど堀越さんがおっしゃったように、デザインに対する決断とそれを引き受けるということですが、この作品はある意味そういう部分だけの建築だと思います。そのこと自体は全く否定するものではありませんし、それの持っている力強さというのもわかりますが、アートではありませんよね。建築の機能や用途というのは、ある種の免罪符になり得るのです。機能や用途があることによって、ある種の正当性に応えたということになるのですが、それとは違う部分のストーリーを構築した時は、「なぜその決断をしたのか」という説明が必要になると思います。自分にとって何のためにその決断をしたか、あるいは社会、芸術にどのように貢献すると考えてその決断をしたのか、そしてこのプロジェクトをやった結果として誰が何を得たのかということがいま一つよくわかりませんでした。そこを補足していただければと思います。

土居　まず判断の基準についてのご質問ですが、個人的な体験として僕は田舎の出身で、東京のよ

して「この場所は綺麗な海が見えるなど、意外といい場所に思えました」という話をすると、その方は「確かに調布のインターチェンジに海はないけれど、ビーチパラソルを置いてみたら、海のようなものが見えると感じるかもしれない」とおっしゃっていました。そういう人間の圧倒的に視覚優位な世界ではなく、聴覚による人間の世界みたいなものを構築できたら、社会でマイナスに捉えられているものをプラスに感じられるきっかけとなる設計手法になると感じています。

山本 僕の問いかけに対してきちんとした答えではないのかもしれませんが、想いはよくわかりました。やはりアート的存在なんですね。あそこに挿入されるある種の異物が外からの力として入ってくることによって、その場の持っているポテンシャルのようなものに地域の人も気づく。予想外の、何かしら世話をせざるを得ない存在が感性を刺激する、そういう力のようなことを考えているという想いは伝わってきました。

西田 他に何かありますか？ 酒匂さんどうぞ。

酒匂 私的な設計手法のスタディというか、挑戦はとても買っているのですが、身体感覚的に空間をつくる、建築をつくるというアプローチの時に、我々はどうしてもそれに共感したいのです。プレゼンの時に、音を主体にしているのにその音

他者との共有のツールとして 新しい記譜法のようなものを考えた —— 土居

うに整備されたり計画されたりしていない、無法地帯で何もないような場所で育ちました。そういうところに住んでいる時には、その場所をどのように使っていくかを考えることはなかったのですが、上京してから、都会と比べて田舎は自由で豊かだったという気持ちが出てきました。そういった空間の質の使い方が何かないか考えた時に、自分では制御できない音というものから想起するもので、自分を超えたところにあるものをつくれないかと思い、このような判断の方向性になりました。もう一つの、山本さんから巡回審査でご指摘いただいた、「できた建物が周りの日常や社会に対して何も答えていないのではないか」という質問ですが、今回は一般的な平面図や断面図によるスタディなどの視覚的な情報ではなく、新しい手法を試みたいというテーマがありました。時間的にも周りに答える余裕がなかったというのはあるのですが、この手法自体が社会に大きな良い影響を与えられる可能性があると思っています。実際にこの手法でやってみて、敷地のリサーチで近隣の畑仕事をしている方にお話を伺うと、「あそこはすごくうるさくて音環境的にはとても悪い場所だ」とか、「昔から仲が良かった友人も高速道路ができたことで出て行ってしまった」という話をされていました。僕が調査を

に対しての説明がありませんでした。音について考えたあなたの設計に、私たちが少しでも歩み寄ることができる何かが欲しかったという気がします。思考的な方向で設計手法を考えているのであればなんとなく伝わりますが、身体感覚的なところでアプローチをしており、さらに抽象化しているという点で、ある意味いろいろな手がかりを削いでしまっているところがあって、なかなか共感できなかったと思っています。

[土居] 榮家さんにも「何を切り捨てたか」をご指摘いただきましたが、僕としては確かに形としては切り捨てましたが、そこに残っているという「消したけれど消していない」状態になっているので、そこに存在してはいると認識しています。それを他者とどう共有するのかという点に関しては、もう少ししっかりと考えなければいけない部分だとは思っていて、他者との共有のツールとして新しい記譜法のようなものを考えられないかトライしました。

[須崎] 感想になりますが、この音像というものを設定して追求した作品はとても評価できるし素晴らしいと思いますが、建築化した途端に他の感覚も動員されるわけですよね。そこで触覚や臭覚が出てくると思いますが、実物の身体や具体的なマテリアルとの関係性が直感として見えてこなかったし、伝わってきませんでした。それを踏まえてこの作品を見た時に、音と映像はいわゆる現代デジタル的な通信手段として伝わりやすいものであって、コロナ禍でオンライン化になって一番伝わらなかったものは触覚と臭覚だと思うんですよ。そういうことを削ぎ落として、映像と音という現代で伝わりやすいものに特化したということは、とてもこの時代を象徴しているように感じ、今これに取り組まれたことはとてもいいと思いました。

「局面が変わる」一手がある

[西田] では続いてNo.284岩間さんです。榮家さん、須崎さん、堀越さん、山本さんが票を入れています。榮家さんからいきますか?

[榮家] ストーリーというか、手続き一つひとつがとても切実な想いから構想されているのがいいと思いました。それに対する解答としての設計も一つひとつは全く派手なことはしていないけれど、ある人の人生が一変するような、些細な一手だけれども他者を変えていくという素晴らしい試みだと思います。もう一つは、その他者を変え

る試みが建築の佇まいも変えているというのが、単に一人の人間の生活だけではなくまちを変えていることにもつながっていて、そこもとても評価しているポイントです。

[須崎] 建築されて生活が見える化されていく近現代の流れの中で、壁を立てて生活を閉じていくという時代的な変化がありましたが、それが誘引している問題点を明らかにしている点がとても

評価できると思います。伝統的な住まいの場合は中間領域がより多くて、誰でも受け入れられるゆとりのようなものがあって、縁側や庇が出ていてその下でお茶をしたり作業をしたりという、失われてしまった近現代の住宅を地域により開いていくという点が評価できました。また、これが実際に一つでも実現したら、それが広がっていく可能性も秘めていると思います。ただ一つ聞いてみ

たいのは、たとえば岩間さんや岩間さんのおばあさんならこの開かれたところに行きたいと思うかもしれませんが、ものすごく嫌なおじいさんとか、誰も寄り付かないような人の家だったらどうなるのでしょう？ 現実的な問題点として、生活を見られることに慣れていない人たちはどうなっていくのだろうとか、そんなところも絡みつつ、いい作品だと思って評価しました。

堀越 まず、とても丁寧に組み立てられていて、自分の実家に根ざしてつくられたという点で非常に共感できたのと、「孤独」に注目しているのが面白いと思いました。今回は敷地や背景の関係でこういう計画になっていると思いますが、「孤独とは何か」の定義の仕方によってさまざまに展開し得る話だと思います。そこに注目しているからこそ、「このまちではこういう開き方をしていく」とか、「こういう向かい入れ方をしていく」という話がありましたが、たとえば都市部でも都市なりの孤独のあり方を考えれば、違う展開もあり得ると思いました。「終のすみか」と言いつつ、その次のサイクルもつくり出していくことができるところが面白かったです。

山本 あの独特の外に開かれた空間というのは、確かに高密度な都市では成り立ち得ないかもしれませんが、意外と広い範囲で展開可能だと思います。たとえば、ネパールのカトマンズには私有の建物の一角にパブリックスペースがあって、人々が目的もなく集まっていたりします。あのパブリック性は、パブリックというものを市民が使いこなしている状態なのだと思います。そういう風になる可能性は、おそらくちょっとした密度の違いや経済的要求の違いで起こり得る未来だと思います。岩間さんがやっているのはとてもプライベートなものに対する答えであって、それは我々が日常的にやっている仕事と似ています。将棋では一指し一指ししていく中で、あとから振り返ると「ここから局面が変わった」という一手があるんですね。振り返ってみた時に、意外と岩間

さんのこの設計みたいな一手が、我々がこれからつくられる住宅の未来像の一つの局面をつくっていくのかもしれない。遠野のローカルな答えからそういう予感を感じさせるのが、また一つの現代性を持った答え方という印象を受けました。その意味で大変感動した作品ですね。

西田 では続いて、票を入れていない酒匂先生。敵対構造をつくりたいわけではありませんがお願いします(笑)。

酒匂 私がどこを問題視しているかというと、須崎さんが先ほど少し触れていましたが、個への解答になっているという点です。孤独死は社会問題であって、建築で解決しようとする時に、全体に訴求されなければこの問題は解消されないだろうと考えてしまいました。そうするとこの建築の減築的アイデアが全体に訴求できるかというと、なかなか難しいのではないでしょうか。嫌なおじいさんという話もありましたが、そういった外から見られたくない人や、生活を外にさらけ出すことにある種の抵抗を持っている人間の方がおそらく多い中で、果たしてこのアイデアが上手く地域の孤独死を防ぐ手法になっていくのか懐疑的です。個への解答であるならば、結局ここだけで終わってしまうので、なんとなく物理的にはまちに開いているように見えるけれど、解答としては閉じているように思いました。

岩間 最初にこの問題を考えていた時に、自分は孤独死をしたくないと思うけれど、孤独死をしてもいいという意見も必ずあるとは思っていました。だからといって完全に壁や物で閉じていてい

いかと言われたらそうではなく、洗濯物を干すとか、何かに水やりをするとか、最低限見せてもいい本当にちょっとした生活だけでもその空き部屋に建築して、そういう部分をつくるという開き方をしてもらえればと考えています。見られたくない人に対しても完全に見せようとは思っていません。

酒匂　外との接点がないところに接点をつくっていくような手つきだと思うのですが、それがここまで開いてしまっては完全にオープンだと感じました。コントロールはしていると思いますが、接点のつくり方は他にもあったと思います。

岩間　今回、そういう人のために特化したものはできませんでした。孤独死はしたくないけれど介護施設にも入りたくなくて、家で最期を迎えたいという人が多い。でもそういう人は結局孤独死する可能性が出てきてしまうので、「孤独死したくない」と自分から思うような人に対しての提案に重点を置いてしまいました。

須崎　今のお話を伺っていて、「開かれるプロセスがある」という前提があると、そこで暮らす人も振る舞いも自ずと変わってくると思いました。機能に対して建築をつくるわけではなく、その建築が誘発する生活なり振る舞いというのが発生するのかもしれないと思うと、ネガティブではなくポジティブに捉えてもいいと思います。

山本　僕は開くことを苦痛と感じる人はそれほど多くないと思います。たとえば老人ホームはほとんどプライバシーのない空間ですが、入居する方々はそれを望んでいますよね。自分の健康が不安になってくる中で、孤独であることに対する恐怖がこれから日本の社会の中にもっと蔓延していくのではないかということも含めて、必ずしもああいう開き方をネガティブだとか、一般解では

ないと捉えなくてもいいのではないかと思います。

西田　ここまで複数票を獲得している作品について、各審査員の評価ポイントも含めていろいろお聞きしました。ではここで、1人1票で決選投票をしたいと思います。投票いただいて一番点数の高い作品を最優秀賞、その次に点数の高い作品を優秀賞とします。では、投票結果を見ていきましょう。

No.237 吉冨さん……　1票（酒匂）
No.259 土居くん……　1票（堀越）
No.284 岩間さん……　3票（榮家・須崎・山本）

西田　最優秀賞は3票を獲得したNo.284岩間さんです。おめでとうございます。続いて優秀賞ですが、No.237吉冨さんとNo.259土居くんで票が割れました。岩間さんに投票した3名にどちらがいいか聞いていきたいと思いますが、いかがいたしましょうか？

山本　順番に聞いていくと最後の審査員が決定権を持ってしまうので投票にして欲しいです（笑）。

西田　わかりました。では岩間さんに投票した3名に再投票をお願いします。

No.237 吉冨さん……　2票（須崎・山本）
No.259 土居くん……　1票（榮家）

西田　というわけで、優秀賞はNo.237吉冨さんです。おめでとうございます。

[審査総評]

卒業設計は人生の中の
大事なポイントになる

榮家 志保

　どの作品も面白く、皆さんが立てている課題や問いが多岐に渡っていて、ハッとさせられたところがありました。最後の議論に残った方々は、その問いに対して解決策だけではなく、他者の行動や経験も変えていくようなストーリーを構築されていたと思います。皆さんは今日も含めてもう何度もプレゼンをして、たくさん質問や評価をもらい、話しているうちに逆に自分の卒業設計がよくわからなくなってきているぐらいかもしれませんが、それがとても大事です。わかったと思ってプレゼンして終わりではなく、人に話しているうちに、「何が良かったんだっけ?」とモヤモヤしたものを抱えていくのが卒業設計だと思います。これから社会に出て物をつくっていく中で、「自分の卒業設計はこういうことだったのかもしれない」と後から何かを見出して振り返るような、人生の中の大事なポイントになるはずです。わからなくなりながら、さらに他者に話し続けて欲しいと思います。

前向きに何かを
つくっている提案が多かった

酒匂 克之

　インテリアや家具を学ぶ学生にはこういう場がないに等しく、全国から集まる審査会が設けられることに感謝するべきだし、羨ましく思います。皆さんの卒業設計からは、ゼロからつくっていくという風潮がとても感じられました。私の時代は、エコデザインやエコロジーなど環境を考えなければいけないと声高に言われた時代でした。当時学生だった私は、自分たちの時代に好き勝手に物をつくってきた人間が、私たちの時代に「ものを自由につくってはいけない」という風潮をつくっていることに強い憤りを感じていました。今振り返るとそれは過ちだと思いますが、前の世代の反省を背負って、建築なりデザインをやらなければいけないという状況がずっと続いていると感じています。その中でもそれをどう解釈して前向きに考えていけるか、皆さんは意欲的に取り組んでいると感じました。前向きに何かをつくって、建築をやっていこうという提案が多かったと思います。

この時代の問題認識が
共通して意識されていた

須崎 文代

400を超えるエントリーから選ばれた50作品は、どれもとても優秀で本当に見応えがありました。既存のストラクチャーの廃材や構築物をどう転用するのか、あるいはもう少し大きなスパンなりスケールで循環を捉える、自然となじませるバナキュラーなものや、時間の流れをより広く捉えるという提案が多かったように思います。また、中間領域をどう提案していくのかという作品も多く、この時代の問題認識が割と共通して意識されていて、次世代に対するアプローチとして、今後私たちの社会が取り組むべきものがより明確に示されていると感じました。2次審査に残った方々は、自分の問題認識をより深めて、密度を高く解答を出せたのだと思います。その意味では、建築の設計や地域の抱える福祉、あるいは建築に対するアプローチの仕方はそれぞれのスタンスで取り組まれていたので、どれがいいとか悪いという問題ではなく、甲乙つけがたくどれも素晴らしかったです。

卒業設計が
この先の基準になる

堀越 優希

それぞれが自分のテーマを抱えて取り組んだ結果なので、総評をまとめるのは不可能だと思っていますが、皆さんの作品は、どれも自分のテーマに全力投球した結果だと感じました。卒業設計で初めて課題設定から全てを自分で決めてやることになると思いますが、それに全力で向き合うことはこの先なかなかできる機会はなく、ここで全力でつくり上げたものが、自分の心に刺さるトゲとなるのかトロフィーとなるのかわかりませんが、一生残り続けて、この先の創作物と比較する自分の中の基準になります。それをそれぞれがつくり上げたことは本当に素晴らしいと思います。どの作品も捉えどころがなく、全体で括って総評できないような広がりのある卒業設計展でした。コミュニティなり社会問題なりを扱うけれども、それに対してどれだけ真摯に、自分自身に素直に向き合うことができたかによって、初めて社会や世界といった外への扉が開かれるのだと思います。

建築で建築を
批評するのが難しい時代

山本 想太郎

卒業設計はある種の批評だと思います。我々上世代の建築家に対して、設計をこれから始めようという一番若い建築家が批評してくるのが卒業設計なのではないでしょうか。ただ、今は建築で建築を批評するのが難しい時代だとは思います。批評する主体はそれなりの正しい存在でなければならず、犯罪者が批評しても聞いてもらえないことは当たり前です。ところが、今は建築を建てることに果たして正義があるのかということが問われてしまっている時代です。その中でどう批評するのか、皆さんは非常に直感的な感性で取り組んでいました。いろいろな表現メディアを駆使した批評、あるいは明らかに建築ではないようなもので投げかけてくる作品も非常に面白いのですが、やはり目の前のものに正面から真剣に取り組むというスタンスが鋭い批評性を持ち得るのだと改めて感じました。自分の仕事を再確認する意味でも大変想いが深まる、とても良い経験となる審査会でした。

最優秀賞 岩間 小春（千葉工業大学）

最初は自分や家族が孤独死しないようにというところから始まった卒業設計でした。けれども考えていく中で、家のためになるとかまちのためになるとか、どんどん想像が膨らんでいって、設計していて楽しかったです。そういう想いを吐き出すことで、共感の言葉もたくさんいただけて嬉しかったです。ありがとうございました。

優秀賞 吉冨 衿香（法政大学）

このような賞をいただきありがとうございました。この村に対する想いや福祉に対する想いが膨らんでいく中で、表現しきれない部分やどうしても拾いきれないところもたくさんあったのですが、私が思考する断片のようなものを伝えることができて、共感していただけたことをとても光栄に思います。

受賞作品一覧

DAY1

最優秀賞	**No.251**「あなたもなれる、ケンチキューバーに。」　林 飛良（長岡造形大学）
優秀賞	**No.284**「終のすみか」　岩間小春（千葉工業大学）
	No.291「一休集伝器」　梅澤達紀（神奈川大学）
河田将吾賞	**No.280**「辿り着かない少女」　荒牧甲登（工学院大学）
工藤浩平賞	**No.180**「首都高を編み直す」　佐倉園実（芝浦工業大学）
津川恵理賞	**No.056**「東京浸透水域」　馬場琉斗（工学院大学）
冨永美保賞	**No.058**「『備忘録的建築』」　谷口愛理（広島工業大学）
粟田久美子賞	**No.194**「媒介の居」　圓谷桃介（工学院大学）
総合資格賞	**No.270**「建築家のパラドクス」　土居亮太（明治大学）
カシワバラ賞	**No.191**「人間のためのインフラへ」　坂内俊太（千葉工業大学）

DAY2

最優秀賞	**No.284**「終のすみか」 岩間小春（千葉工業大学）
優秀賞	**No.237**「巡る生命線」 吉冨衿香（法政大学）
榮家志保賞	**No.044**「《帰路と旅路のシナリオ》」 小玉京佳（広島工業大学）
酒匂克之賞	**No.123**「不協都市のリハーモナイズ」 都丸優也（東海大学）
須崎文代賞	**No.341**「生態学的視点による都市の転向」 山田 凌（明治大学）
堀越優希賞	**No.259**「音像の採譜」 土居将洋（東京理科大学）
山本想太郎賞	**No.180**「首都高を編み直す」 佐倉園実（芝浦工業大学）
総合資格賞	**No.016**「混色する小さなせかい」 北林 栞（工学院大学）
メルディア賞	**No.275**「とまりぎのとんぼ」 福田美里（法政大学）

DAY1·2

学生賞	**No.291**「一休集伝器」 梅澤達紀（神奈川大学）

Chapter **3**

出展
作品

- 都市に残る歴史的要素の分析

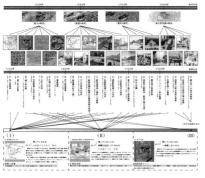

商店街
×
路面電車停留所

- 松山の都市構造（赤線が路面軌道）

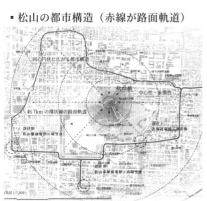

展望台
×
路面電車停留所

- 路面電車と共存する建築群

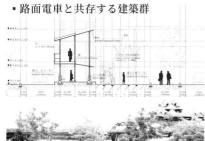

広場空間
×
路面電車停留所

- 松山市を取り囲む環状線状の路面軌道から見た都市のパノラマ風景

0km　1km　2km　3km　4km　5km　6km　7km

承継するプロムナード
― 路面電車を媒体とした都市空間再編計画 ―

東 尚生
Naoki Higashi

芝浦工業大学
建築学部
建築学科
原田研究室

愛媛県松山市では松山城への中心性と環状線状の路面軌道による繋がりが今もなお強く残っている。本提案では、変わらない都市構造を利用して路面軌道上に人々の行為を承継する公共的な場を創ることで、半永久的にそれらが未来へと残り続けていくことを意図した。路面電車と共存する建築群は、都市の名残を残しながらも変化を許容し、周辺と道空間が相互に作用し都市を更新・保存していく。

[プログラム]複合機能を持った路面電車停留所　[構想／制作]2カ月／2週間
[計画敷地]愛媛県松山市
[制作費用]200,000円　[進路]芝浦工業大学大学院

Back Ground

現在、都市は更新時期にある。
現代都市の建築は2年程で新築され、25-30年使われたのちに1年程で解体され、その土地には新しい建物が同じサイクルで建てられる。
都市の中では至る所で工事が行われ、工事は都市体験の一部となりつつある。
その一方で、長期間の再開発期に突入した都市での空間体験は、そこでの利用者にとっても再開発当事者にとっても自由度が低く、マイナスな期間としての印象が強い。

Concept　再開発工事と利用の共生

「既存」　　　　　「工事中」　　　　　「工事後」

私は、元ある建物を解体し、新しい建物を新築することだけが再開発ではないと考える。
建物を解体するまでの過程、新築するまでの過程、その後の使われ方、都市の変化への対応、再開発に終わりなどないのだ。
都市や建築を仮設物とともに廻る工事は、移動サーカスのようであり、生活と工事が溶け合った時ダイナミックに変動する都市で生活する人々の体験は、再開発期間を楽しむ一つの回答になるのではないか。
よって私は、これから長期間続く再開発について、工事と利用のお互いにプラスとなるような工事期間とその工事プロセスを設計することで破壊と再生を繰り返す建築とそこでの生活を創造する。

『3つの設計要素』

	破壊
減築	

目的：耐震補強として建築の軽量化
手法：ファサードによる都市への断絶・均質プランの連続を破壊し、建築の外周を都市とつなげ、建築内の断面的なつながりをつくる。
体験：一時的なテナントの移動や通路・階段の閉鎖から特異な期間としての振る舞いが生まれる。

	再生
増築	

目的：耐震補強としての鉄骨の構造体
手法：既存の柱の上に接合し、スラブによって外部化される空間の屋根や鉄骨トラスによる増築をつくる。
体験：スラブの減築から5造屋根の増築までの期間で、内部→外部→半外部というように外部と内部が交錯し、軒や屋根は空間に残る。

	工事エレメントの読み替え
仮設	

目的：工事時の足場や仕切り
手法：工事を行うために置かれる仮設物が、建築のエレメントとして空間をつくる。
体験：足場が次のテナントのファサードや一時的な動線として利用者に読み替えられ、テナントや生活のモノが導入される。

『ニュー新橋ビルにおける通路歩行時の空間体験図』

71m：間口23個（両側含む）

『歩行体験』
装飾・インテリアの域を超えた空間の構成要素としてのはみ出しが、通路の空間体験において魅力をつくっていた。はみ出しは、自然発生的でランダム性があり、かつ変動的である。はみ出しは、変化を繰り返すため空間やそこでの体験が常に変化している。

『読み替え』
通路が公共空間としてあったのが記号として残り、モノのはみ出しによって私空間として領域を拡張していたり、通路にはみ出した椅子や営業前のテナントでくつろぐなど商店街が生活空間のように読み替えられている。

Site

所在地：東京都港区新橋二丁目2/16
敷地面積：3729.764㎡
建蔽率：85.6%
用途地域：商業地域、防火地域
構造：鉄骨鉄筋コンクリート造
階数：地下4階、地上11階
延べ床面積：5810/343㎡
容積率：870.5%
設計者：松田平田坂本設計事務所
施工：ザ・リッカー

ニュー新橋ビルは戦後闇市に起源を持つ大型雑居ビルであり、新橋駅・SL広場・繁華街・オフィスビルに囲まれ、多くの都市要素の結節点となっている。
ニュー新橋ビルを含めた駅前の小さな雑居ビル群が、戦後から徐々に発展を遂げてきたのに対し、汐留の高層オフィスビル群は、再規模な再開発によって急速に立ち上がった。現在ニュー新橋ビルは、震度六強で倒壊の可能性があるビルとして実名公表を受け、建て替えにより SL広場を含む南北約400mの敷地に、高さ120-130mのビルを2棟以上を建設する再開発事業が2028年竣工予定とされている。

Time line

1946 1971	2053	2030	第一期工事 2040		2050	第二期工事 2060		2070	第三期工事 2XXX

開市 ニュー新橋ビル施工

仮設クレーンの挿入 テナントとの交渉 ファサードの撤去

土層階の構造体の解体 外周スラブの減築 外周階段の挿入

内部構造の減築 内部階段の撤去

[解体開始 設計領域リセット]

歩行者デッキとの連結通路 駅との直結開始

建物の独立 楽の一部解体 スラブの減築 スロープの挿入

ビルの緑化

スラブの減築 デジタルスクリーンの挿入 モビリティテナントの挿入

工事プロセス

Program 都市の余白 工事契約書存在 / Program 法体公園 倉庫 / 工事領域の読み替え / 工事領域の読み替え / Program パラダイス

設計要素

ニュー新橋計画
— 都市再開発における工事期間との共生 —

石井 陸生
Riku Ishii

法政大学
デザイン工学部
建築学科
小堀研究室

現在都市は更新時期にある。長期間の再開発期に突入した都市での空間体験は、マイナスな期間としての印象が強い。ここで長期間にわたる都市再開発の工事に注目し、建物の解体の過程、使われ方、都市の変化への対応などの終わりのない再開発について、私は工事期間とその工事プロセスを設計することで解体と再生を融合し、生きた生命のような都市を提案する。

［プログラム］商業施設　［構想／制作］8カ月／3週間
［計画敷地］東京都港区新橋
［制作費用］200,000円　［進路］法政大学大学院

1. 対象敷地 千葉県浦安市三番瀬

■敷地変遷

1947年	1972年
埋め立て前	埋め立てで3期+船橋側埋め立て
1988年	2028年
埋め立て主要+みおけり採用	埋め立て全面展予定

三番瀬では砂の流出、アマモ・ヨシ・カキ礁の減少が起こり、生物の住みか、そして干潟自体が消えようとしている。それに伴って伝統漁業の衰退が急速に進行しており、三番瀬の原風景が消えつつある。も、人の手によって失われたものを再び人の手で取り戻していく。

2. 調査 断面から見た潟業・生物の活動域

現地調査より、断面から見た潟業と生物の活動域の図を作成した。風景のレイヤーが重なり合う三番瀬を、潟業を補完する建築が縦断することで、歩く人々に対して潟業や干潟の様々な風景が可視化される。

3. 基本構造 砂防構造体の提案

基本構造はこれまで三番瀬で急波を生み出してしまう原因となっていた、のっぺりとした堤防ではなく、水の流れを受け入れながら砂を外に出さない蛇籠のフィルターを用いる。微生物の発生を促し、海中生物の住みかとしても機能する。

4. エリア構成

陸地＋潮間帯
ヨシ群落の再生 水産物の貯蓄

潮間帯
カキ礁の再生 水産物の消費・加工

潮間帯＋潮下帯
アマモ群落の再生 ノリ養殖、水産物の水揚げ

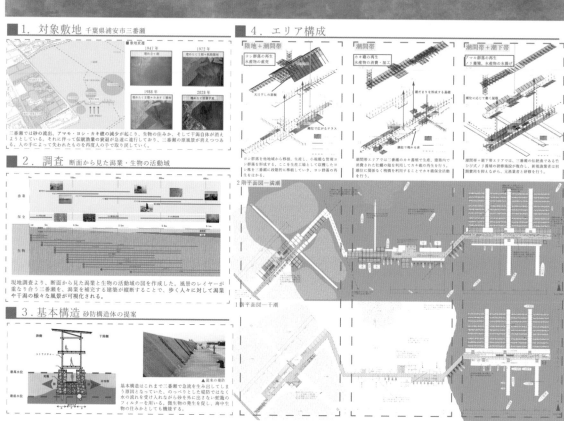

2階平面図一満潮

1階平面図一干潮

潟業の建築
～干潟風景を守る桟橋建築の提案～

飯田 竜太朗
Ryutaro Iida

島根大学
総合理工学部
建築デザイン学科
井上研究室

干潟は、生物を包み込むゆりかごである。生物の多様さに伴って漁業や潮干狩りなどの営みも行われ、人も多大な恩恵を受けてきた。しかし、現在、三番瀬は名ばかりの自然共生エリア造成（埋め立て）によって姿を消そうとしている。そのようなマスタープランに対して「潟業（保全活動、漁業）」の受け皿となりつつ、建築自体が干潟の機能を守る装置となることを目指す。

[プログラム]漁業、保全活動の拠点　[構想／制作]3カ月／3週間
[計画敷地]千葉県浦安市三番瀬
[制作費用]80,000円　[進路]信州大学大学院

コロナの影響により生活の基盤を都心ではなく地方に求める
人々が増えている。それは単に自然だけではなく、緩やかに
人と繋がるコミュニティを含めた環境が求められている。そう
した**時が移りゆく中で、環境と人間がより豊かに関わりあう
公共の場**を考えたいと思いました。

まちを纏う「帯」は人を象る
― ひとり一人のための公共建築を目指して ―

棚田 悠介
Yusuke Tanada

東京電機大学
未来科学部
建築学科
日野研究室

海を軸に広がっていった人の生業や活動がまち全体を形成していた。しか
し、時代が変わるにつれ、人同士のつながりは無くなり、まち全体がバラバ
ラとなった。こうした変わりゆくまちの姿の中でも、まちを新たに再構築し、
人と人、海とまち、過去と未来を新たな公共建築によってつなげていく。

[プログラム]複合施設　[構想／制作]3カ月／3週間
[計画敷地]富山県射水市
[制作費用]50,000円　[進路]大学院進学予定

都市の水際に近づきたいと思うだろうか？
「水の都」江戸は現在、水が汚く触れるどころか
近づくこともできない。水の変化に触れることは、
環境を思いやる意識作りの第一歩だと思う。
都市の自然や水のあり方を再考し、
水質改善を行うと同時に、
外濠に触れる居場所
を提案する。

濾過・親水空間

水質改善の濾過と親水空間を両立する
建築が必要と考えた。明確な機能を限定しない
自由な親水空間を都市に創る。環境への意識作りの
一歩となる空間になることを目指した。都市の中で自然環境を
感じる拠り所を水質課題を通して再考する。

1. 敷地：外濠「市ヶ谷濠」

敷地は外濠の端、「市ヶ谷濠」水路
が分断され、水の入れ替わりがなく、
下水未処理水が水源である。
水面は緑色で、親水空間とはほど遠
い。水質の悪化は下流にも影響を与え、
良質な水を水源8080（㎥／日）流入させる
ことで、水質改善が期待できる。

3. 玉川上水跡地の利用：水源の確保と暗渠の活用

玉川上水跡を利用し、下水処理水を
流すことができる。高低差によって敷地
上部まで水を汲み上げる。

4. 濾過と建築：濾過の建築的解釈

水動線や濾過構造を建築ユニットに
取り込む。

5. 水・人動線とボリューム：動線計画による積層

水動線は最上部まで駆け上がり、沈殿槽で分岐する。外濠手前で合流し、
外濠へと流れ込む。人動線は主要要素を螺旋状に結ぶ計画とした。

2. 平面計画：外濠へと繋ぐ地下階・地上階

6. デザインコード：水質の変化と人々の関わり方・空間構成要素例

外濠で満ちて
〜濾過水で外濠を満たし、心満たされる都市の居場所〜

吉田 周和
Shuwa Yoshida

東京理科大学
工学部
建築学科
郷田研究室

上京して以来感じていた、水と人との乖離から考える、新しい都市の居場
所についての提案。外濠の水景を取り戻すため、都市に埋没している水路
を活用し、濾過水で外濠を浄化する。日々、水質に合わせて空間や行為が
変化し、外濠は長い時をかけて変化する。水の変化に触れる都市の居場所
は環境を思いやる意識づくりの第一歩となる。濾過の建築化と水動線から
生まれる親水空間。

［プログラム］浄化施設・都市型公園　［構想／制作］2カ月／3週間
［計画敷地］東京都新宿区市谷
［制作費用］100,000円　［進路］東京理科大学大学院

case A：単体単層　トンボモジュール基本パターン　オープンで穏やかな風を作る
休憩所（生産者、観光客）

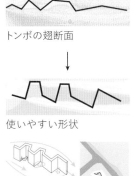

くぼみの内外で壁面なしに急激に速度が変化し、これまでにはない、オープンで穏やかな風環境が体感できる。生産者だけでなく、茶ツーリズムの休憩所として、両者が気軽に時間が過ごせるよう開かれた構成とし、交流のきっかけが生まれるようにキッチンを設置した。

閉じることなく快適風速を作る

壁や建具で閉じることなく、開いたまま室内のような穏やかな風環境（0.4〜1.0m/s）が実現できるトンボモジュール（翅断面）を応用し、生産者と観光客が利用できる休憩所を計画する。

CFD解析によって部屋として使いやすい形状としながら流線型を崩さない形状とした。

トンボの翅断面

↓

使いやすい形状

風速：鈴鹿市平均
風向：左上→右下

- 2.8m/s
- 2.0m/s
- 1.5m/s
- 1.0m/s
- 0.5m/s
- 0m/s

建築面積：151 ㎡
階数：地上1階建
て、構造：木造、
新築／改修：改修、
用途：休憩所

配置図　1/1000

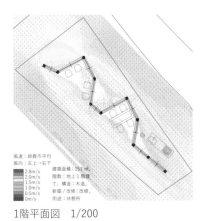

1階平面図　1/200

S2：室内のような風速の外部で食事が楽しめる。

俯瞰

軸組みモデル

生産者との交流の場となる。

トンボの翅の中で茶の香りを楽しむ

壁で閉じることなく、
オープンで穏やかな風環境を作る試み

北野 智
Satoshi Kitano

大阪産業大学
デザイン工学部
建築・環境デザイン学科
吉原研究室

トンボの翅は折れ曲がった面により流線型の空気の流れをつくり、開いたまま穏やかな内側と流速の速い外側に分けられる。開いたまま快適風速をつくるトンボの翅断面＝「トンボモジュール」を組み合わせ、多彩な快適な風をつくり建物を計画する。広大な茶畑を観光資源として鈴鹿市の活性化のためトンボモジュール単体、複数単層、複数複層、水平回転複層の4つの建物により、茶の香りを体感する。

[プログラム]休憩所（単体）・広場・茶室（複数単層）・観光案内所、資料館、オープンスペース（複数複層）・宿泊施設（水平回転複層）　[構想／制作]5カ月／2カ月　[計画敷地]三重県鈴鹿市長澤町（単体・複数単層）、亀山市太森町（複数複層・水平回転複層）　[制作費用]約20,000円　[進路]日企設計

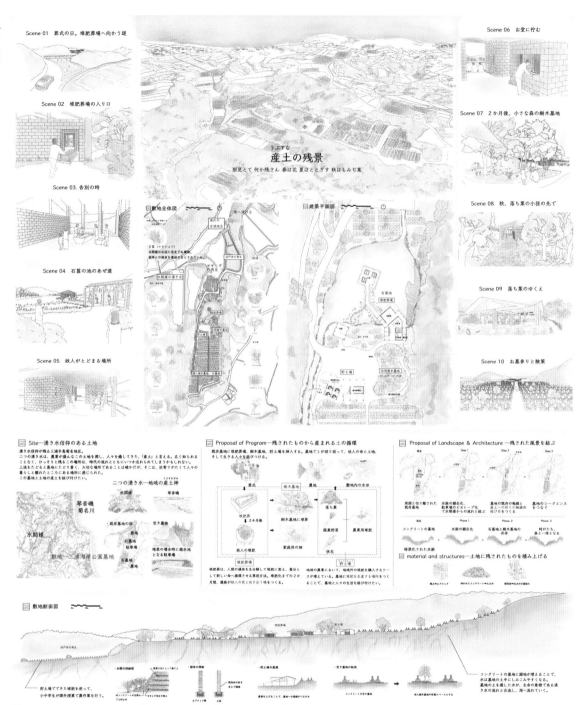

Scene 01　葬式の日。堆肥葬場へ向かう道
Scene 02　堆肥葬場の入り口
Scene 03. 告別の時
Scene 04　石菖の池のあぜ道
Scene 05　故人がとどまる場所
Scene 06　お堂に佇む
Scene 07　2か月後、小さな森の樹木墓地
Scene 08　秋、落ち葉の小径の先で
Scene 09　落ち葉のゆくえ
Scene 10　お墓参りと散策

産土の残景
形見とて 何か残さん 春は花 夏ほととぎす 秋はもみぢ葉

■敷地全体図
■建築平面図

■Site─湧き水信仰のある土地

二つの湧き水─地域の産土神

■Proposal of Program─残されたものから産まれる土の循環

■Proposal of Landscape & Architecture ─残された風景を結ぶ

■material and structures─土地に残されたものを積み上げる

■敷地断面図

産土の残景

北井 宏佳
Hiroka Kitai

東京理科大学
工学部
建築学科
坂牛研究室

大切なものを失くしたときに、心のよりどころとなる場所はあるだろうか。敷地とした既存の墓地は、大切な人を失くしたときによりどころとなるはずだが、土地と人々の暮らしとが隔てられてしまっている。この場所と、地域に残された守り神「産土」、そして人々の生業とを結び付けて、地域の人々のよりどころとなる場所をつくりたい。喪失、そして残されたものと向き合うための提案である。

[プログラム]葬儀場、墓地、農業施設　[構想／制作]2.5カ月／2週間
[計画敷地]神奈川県三浦市南下浦町
[制作費用]100,000円　[進路]東京理科大学大学院

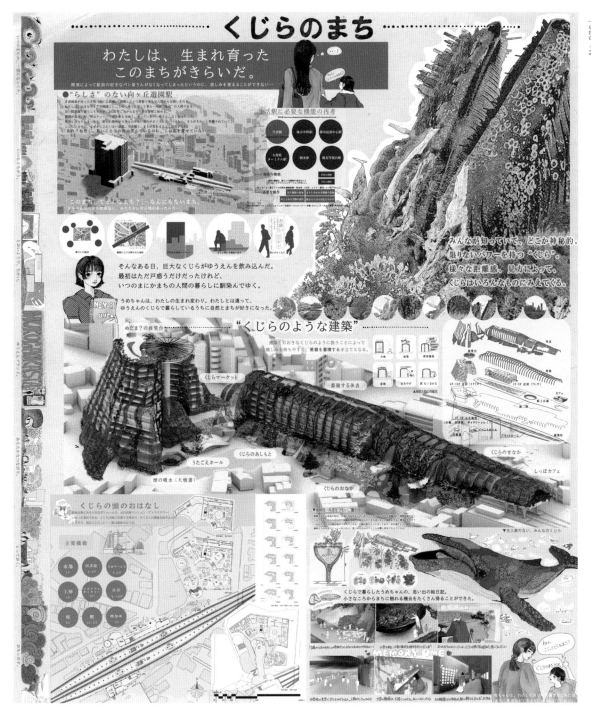

くじらのまち

北村 さくら
Sakura Kitamura

工学院大学
建築学部
建築デザイン学科
樫原研究室

わたしは、自分の生まれ育ったまちがきらいだ。どんなまち?と聞かれても「なんにもないよ」と答えてしまうまち。そんな向ヶ丘遊園に突如現れたくじらは、まちへの愛着を育む手立てとなる。うめちゃんはわたしの生まれ変わり。くじらで生まれ育ち、くじらを育てながらともに育ってきた。彼女がわたしと同じ年になる頃には、いつのまにかまちが好きになっていたようだ…。

[プログラム]複合施設(駅・住宅・公共施設)　[構想／制作]6カ月／2カ月
[計画敷地]神奈川県川崎市 向ヶ丘遊園駅
[制作費用]120,000円　[進路]工学院大学大学院

103

A: 斜めの重力換気による快適な風速への加速：商店街と温泉とスポーツを斜めにつなぐ

B: まだらな温度分布による温度差スポーツの同居：間仕切りなしで適温の異なるスポーツ施設をつなぐ

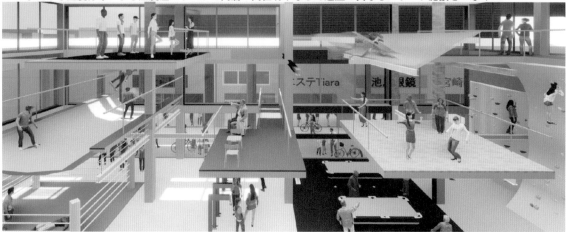

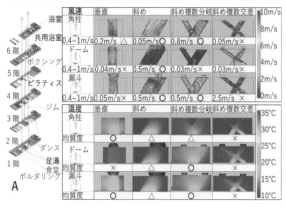

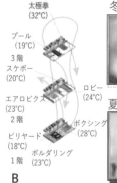

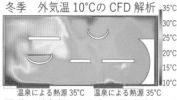

温泉の熱によって商店街を攪拌する

― 斜めの重力換気とまだらな温度分布により
　多様な熱環境を作る試み ―

三浦 雄土
Yuuto Miura

大阪産業大学
デザイン工学部
建築・環境デザイン学科
吉原研究室

個別に管理された熱環境ではそれぞれが独立し、つながりをつくることが難しい。温泉を熱源とする空気の流れによって商店街と建物が一体的につながる熱環境を計画する。CFD解析により見つけた「斜めの重力換気」「まだらな温度分布」の2種類の手法によってそれぞれを計画する。これらの魅力的な形状の中で、さまざまなプログラムが分節されずに一体的に関係することを目指した。

［プログラム］温泉とスポーツの複合施設（斜め、まだら）
［構想／制作］5カ月／3カ月　［計画敷地］近鉄八尾駅前商店街
［制作費用］50,000円　［進路］本間組

未完生
遺り続けるしらひげ

都営白鬚団地

防火帯建築として計画された都営白鬚団地には防火シャッターをはじめ、散水用ドレンチャーや放水銃など様々な防火装置が設けられており、ある種メガロマニアックな近代遺産とも呼べる建築である。しかし地域の不燃化が進んだいま、機能的役割は蒸発しつつあり今後数十年をかけて白骨化していくことが予想される。

解体による記録

手法－痕跡のコラージュ

1 段階的な解体による立体公園化　2 オブジェクト性の解体　3 断片を編むスケルトンコア

痕跡のコラージュ

7Fplan

未完生
― 遺り続けるしらひげ ―

杉山 陽祐
Yosuke Sugiyama

日本大学
理工学部
建築学科
山中研究室

約半世紀前、隅田川沿いに現れた巨壁－都営白鬚団地。防火壁として描かれたメガロマニアックな近代遺産・白鬚の解体による記録を試みる。白骨化していた「らしさ」は部分的、段階的な解体により顕在化され、生成と崩壊の間を振幅しながら時間とともに空間の一部へと交織されていく。形式性の崩壊によりむしろ強度を増しながら、しらひげはこれからも未完生な建築として遺り続けるだろう。

[プログラム]集合住宅、商業、公園、その他　[構想／制作]5カ月／1カ月
[計画敷地]東京都墨田区堤通
[制作費用]30,000円　[進路]日本大学大学院

誰が為の熱櫓

— ふるまいと建材の集積による
　日常の延長としての小さなインフラ群 —

森本 爽平
Sohei Morimoto

法政大学
デザイン工学部
建築学科
赤松研究室

土地の固有性は誰の為にあるのか。土地の他者に消費されていく温泉地に違和感を抱く。変わりゆく環境の中で残されていく事物が溢れかえっている。事物の調整としてのフォリーを固有風景のなかに埋め込み、現代のふるまいへと接続する。地を象徴し、土地の芽である櫓躯体とありあわせの下屋で土地・暮らし・資源の結びを紡いだ。今あるものの建築的調整によって未来へ温泉地を繋いでいく。

[プログラム]小さなインフラ／地域機能フォリー　[構想／制作]６カ月／１カ月
[計画敷地]静岡県伊豆半島熱川温泉
[制作費用]７〜80,000円　[進路]法政大学大学院

神居、堰里に灯る
― 産業遺産が繋ぐアイヌ文化伝承の風景 ―

小瀬木 駿
Shun Ozeki

法政大学
デザイン工学部
建築学科
小堀研究室

アイヌ文化は目的や手段を変化させながら受け継がれてきた。極寒の大地に適応するための知恵を歌や踊りに込めて。二風谷ダムというアイヌと自然を分断した負の遺産であり、今はほぼ機能を失っているダムにアイヌの伝承施設を提案する。ダムを自然環境と捉え、適応していくことで、アイヌと自然を繋ぎ直すものとして再生させ、ダムに刻み込まれていく伝承の軌跡が風景となって立ち現れる。

[プログラム]伝承施設　[構想／制作]9カ月／1カ月
[計画敷地]北海道平取町二風谷 二風谷ダム
[制作費用]100,000円　[進路]法政大学大学院

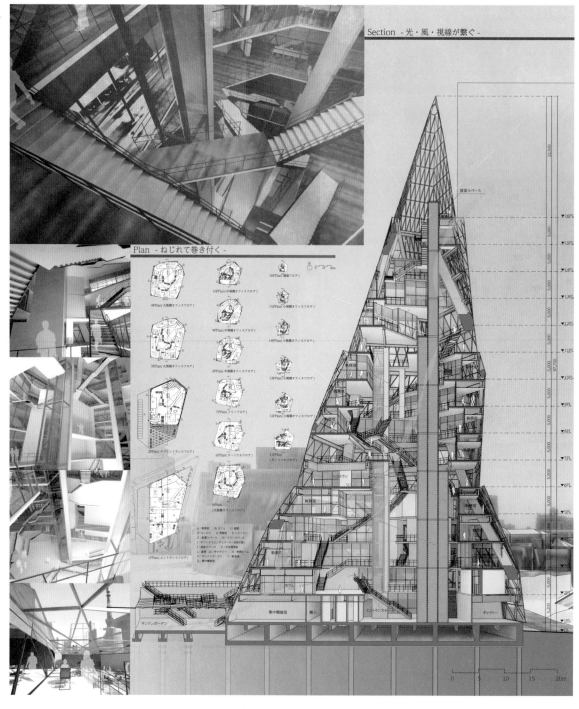

Section -光・風・視線が繋ぐ-

Plan -ねじれて巻き付く-

高層性の再考
— オフィスビルの解体と象徴化 —

渡邊 未悠
Miyu Watanabe

東京理科大学
工学部
建築学科
郷田研究室

象徴性のある外観と垂直性のある内部空間を塔に倣い、現状の均質化されたオフィスビルを塔として再構築することを試みた。コアを解体することで生まれる三次元的な連続性を内包した執務空間を擁する、新たな形としてのオフィスビルの提案。EVシャフトは独立し、配管スペースは露出し壁体を貫通する。中央に巻き付く二重の螺旋階段は連続性を演出し、立体的な空間体験を創出する。

［プログラム］オフィスビル ［構想／制作］合わせて2カ月半
［計画敷地］東京都港区麻布台
［制作費用］40,000円 ［進路］東京大学大学院

交錯するユビキタス

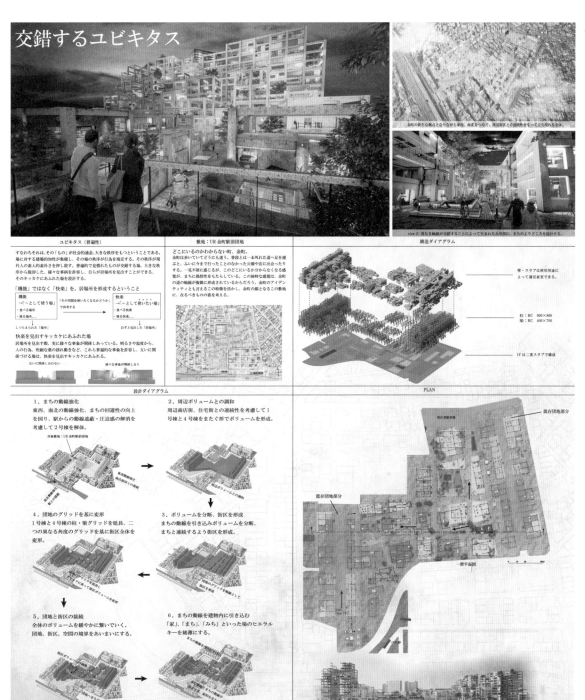

金町の新たな拠点となりながら東西、南北をつなぐ、周辺街区との連続性をもって立ち現れる全体。

view 3：異なる動線が交錯することによって生まれた共用部に、まちのよりどころを設計する。

ユビキタス（普遍性）

すなわちそれは、その「もの」が社会的過去、大きな秩序をもつということである。場に対する建築的知性が集積し、その場の秩序が行為を規定する。その秩序が現代人の素人的素朴さを押し殺す。普遍的で見慣れたものが交錯する場、大きな秩序から脱却した、様々な事象を許容し、自らが居場所を見出すことができる。そのキッカケにあふれた場を設計する。

「機能」ではなく「快楽」。居場所を形成するということ

機能 →「〜として使う場」	（その空間を使いたくなるかどうか）で再考する	快楽 →「〜として使いたい場」
・食べる場所 ・寝る場所…		・食べる快楽 ・寝る快楽…

しつらえられた「場所」 → 自ずと見出した「居場所」

快楽を見出すキッカケにあふれた場

居場所を見出す場とは、実に様々な事象が関係している。明るさや温度など、人の行為、些細な虫の揺れ動きなど、これら普遍的な事象を許容し、互いに関係づける場は、快楽を見出すキッカケにあふれる。

互いに関連し合わない / 様々な事象が関連し合う

敷地：UR 金町駅前団地

どこにいるのかわからない町、金町。

金町は歩いていてどうにも違う。普段とは一本外れた道へ足を運ぶと、ふいに今まで行ったことのなかった公園や店に出会ったり。一見不便に感じるが、このどこにいるか分からなくなる感覚が、まち偶然性をもたらしている。この独特な感覚は、金町の道の軸線が複雑に形成されているからだろう。金町のアイデンティティとも言えるこの特徴を活かし、金町の顔となる敷地に、在るべきものの姿を考える。

構造ダイアグラム

壁・スラブは使用用途によって適宜変更できる。

柱：RC　800×800
梁：RC　400×700

1Fは二重スラブで構成

PLAN

既存団地部分

折れ遮熱荷家

既存団地部分

一帯平面図

B-B'断面図

設計ダイアグラム

1．まちの動線強化
東西、南北の動線強化、まちの回遊性の向上を図り、駅からの動線遮蔽・圧迫感の解消を考慮して2号棟を解体。

対象敷地：UR 金町駅前団地

2．周辺ボリュームとの調和
周辺商店街、住宅街との連続性を考慮して1号棟と4号棟をまたぐ形でボリュームを形成。

4．団地のグリッドを基に変形
1号棟と4号棟の柱・梁グリッドを延長、二つの異なる角度のグリッドを基に街区全体を変形。

3．ボリュームを分断、街区を形成
まちの動線を引き込みボリュームを分断、まちと連続するよう街区を形成。

5．団地と街区の接続
全体のボリュームを緩やかに繋いでいく。団地、街区、空間の境界をあいまいにする。

6．まちの動線を建物内に引き込む
「家」、「まち」、「みち」といった場のヒエラルキーを稀薄にする。

交錯するユビキタス

岡野 麦穂
Mugiho Okano

東京理科大学
工学部
建築学科
坂牛研究室

金町駅前団地の再生計画。自然選択的に空間に対して居場所を形成することができる建築ができないかと思い、設計を行った。この建築においては、建築的知性をくすぐる操作を行うことによって、空間のヒエラルキーや境界があいまいなものとなっている。よって、今まで、我々の思考や行為を縛っていた秩序は稀薄となり、素人的な素朴さをもって空間と向き合うことができる建築となる。

［プログラム］複合施設　［構想／制作］1カ月／1カ月
［計画敷地］東京都葛飾区金町
［制作費用］120,000円　［進路］東京理科大学大学院

Concept

【従来の自然的な建築】
建築（人の生活を守るもの）と
人が「依存」の関係

【提案する建築】
建築（森林を可視化したもの）と
人が「自立」の関係

森林＝人間の敵
建築＝守る
人の安定的な生活

森林の流れを可視化した建築

人は安定的な生活を捨て、
建築から自立し、
森林に身を委ねる。

構造分析

① 地盤調査
② 押込み試験 [鉛直方向]
③ 水平載荷試験 [水平方向]

構造の数値比較の結果、
「切株を建築基礎に活用できる」と判明した。

生木の循環
【住宅地 ↔ 人工林】

木材生産の循環を含めた
・道の設計
・住宅地への表出
・混合林への誘導

遊歩道 Phase①

遊歩道 Phase②

遊歩道 Phase③

[住宅地]

公共家具

乾燥拠点

森林組合
製材所

[混合林]

列状間伐を継続して行い、
空いた場所に
広葉樹を植える。

[樹種]

スギ　サワグルミ

秩父の
標高300mに
発生していたと
調査されている
広葉樹

低い環境でも光合成ができ、
ゆっくりと成長する広葉樹

コシアブラ　アオダモ　ヤマモミジ

スギのみの森林では無かった
「生物多様性」が生まれて、
森林にとって理想的な状態の
混合林へと近づく。

生木の風化
【人工林内】

切株を建築基礎とし
腐朽に伴い移動する
小さな小屋の設計

生木の風化と循環を体感する
— 原始の思考と現代の技術で再生する人工林 —

山とスギにとって良い環境を保ちながら、人間が生木の風化と循環を体感できる道と小屋を、切株を建築基礎として活用できないかという、建築構造の研究を活かして提案する。人が山林に入ることにより、自然の循環を取り戻させることを目標とする。人優位の従来の建築ではなく、地球の自然環境に重きを置き、人と自然の優位を捉え直す、新しい建築の在り方である。

平原 朱莉
Akari Hirabara

日本女子大学
家政学部
住居学科
江尻研究室

[プログラム]道と小屋　[構想／制作]10カ月／1カ月
[計画敷地]埼玉県秩父市
[制作費用]50,000円　[進路]日本女子大学大学院

食景 ― 商店街における食育風景 ―

背景 ―見て見ぬふりのフードロス―

現代社会がもたらしたフードロスを私達は見て見ぬふりをしている。当事者である私たちが関わり学んでいくことが必要であるのではないだろうか。本提案では多世代に向けた食育建築を考える。

籠の建築との接続と時間軸による変遷

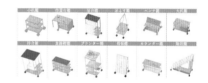

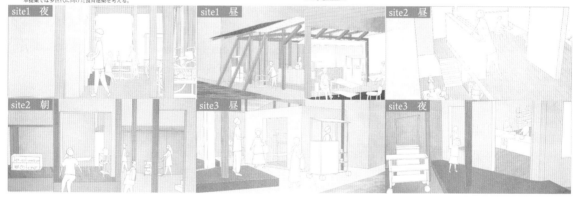

食景
― 商店街における食育風景 ―

藤野 晟伍
Seigo Fujino

法政大学
デザイン工学部
建築学科
山道研究室

フードロスに対して見て見ぬ振りをしている私たちは関わり学んでいく必要がある。杉並区阿佐ヶ谷のパールセンター商店街で、廃棄寸前の食シェアされる風景を提案する。商店街に見られる籠を用いて食の風景を可視化する食育建築を提案する。籠が食を集め、消費され、籠自身を設計することで建築と接続し食の振る舞いを商店街に展開していく。そういった風景が真の意味での食育となる。

[プログラム]食堂/シェアキッチン/料理教室/貯蔵庫
[構想／制作]３カ月／２週間　[計画敷地]東京都杉並区阿佐ヶ谷
[制作費用]50,000円　[進路]法政大学大学院

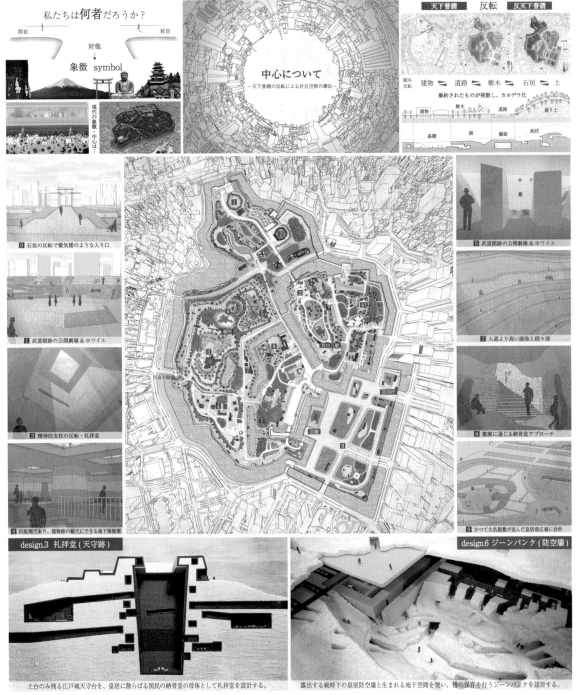

私たちは何者だろうか？

即自　対自

対他
↓
象徴　symbol

現代の象徴・中心は…

中心について
～天下普請の反転による対自空間の導出～

天下普請　反転　反天下普請

順序
反転　　建物　道路　樹木　石垣　土

集約されたものが発散し、カルデラ化

建物　樹木　道路　盛り土

基礎　根　舗装　起伏

0 石垣の反転で霽気楼のような入り口

1 武道館跡の公開劇場＆ホワイエ

3 精神的支柱の反転・礼拝堂

4 旧庭園であり、建物跡の廓穴にできる地下植物園

5 武道館跡の公開劇場＆ホワイエ

7 人道より高い溜池と段々畑

8 霊園に通じる納骨堂アプローチ

9 かつて大名屋敷が並んだ皇居前広場に会所

design.3 礼拝堂（天守跡）

土台のみ残る江戸城天守台を、皇居に散らばる国民の納骨堂の母体として礼拝堂を設計する。

design.6 ジーンバンク（防空壕）

露出する戦時下の皇室防空壕と生まれる地下空間を使い、種の保存を行うジーンバンクを設計する。

中心について
～天下普請の反転による対自空間の導出～

河本 一樹
Kazuki Kawamoto

芝浦工業大学
建築学部
建築学科
原田研究室

戦後、日本人は中心を無意識に議論・認知できない。そこで、かつて天下普請により、日本の中心に集約してつくれたようで、即自を生み出した皇居を反転する。反天下普請により集約された樹木・土が取り除かれ、皇居が徐々にカルデラ化する。それは、皇居という空間や土地そのものが自己-全体を架け渡す象徴になるのではないか。国民も天皇自身も拠り所となる命の家としての中心である。

［プログラム］複合施設　［構想／制作］１年間／１カ月
［計画敷地］東京都千代田区皇居
［制作費用］250,000円　［進路］芝浦工業大学大学院

■ 導入

都市を歩いていると違和感を感じる建築が目につく。
既存建築が何かと衝突することで新しい価値を生み出す可能性を示している。

■ 問題と提案

問題

都市が築いた雑然とした都市の骨格に建築を建てるとき、都市の持つポテンシャルや刻んでいた環境の変化を消し去り新しい建築を建てる。

提案

雑然とした都市環境が持つ様々なエネルギーを都市のポテンシャルとして読み取った時、そこから新たな物語が生まれるのではないか。

■ 分析

都市を巡り発見した、既にあるエネルギーを内包する建築や環境に対して新たな形態、機能、素材が加わり衝突を生み出し新たな価値を生み出しているサンプルを収集し、各々の衝突の構成及びそれによる価値についての分析を行った。

■ 分析結果

異種混合 / スキマに実る / 第二の地盤 / 二重の意味 / 素材の不調和 / 使いたおす / 新しい流れ / 便利を味わう / 目立ちたがり / 重層性 / 広げる / 彩る / 母の集積 / 影に写える / 仮囲を観る / 包み隠さない / 着飾る / つぎはぎ

■ 設計手法

分析結果を元に以下設計手法へと転換していく。

形態システム

01 コインパーキングや形骸化したビルを解体してできた空白を設計対象地とする。

02 空き地に対して既存との衝突を生み出すきっかけとなるスラブを挿入する。

03 既存ビルのポテンシャルを読み取り、各既存建築との接続、その継続性ならではの高低差を生み。

04 形態を変化させて、既存建築と接続したり、ささやかな空白を作る。

異種プログラムの挿入

ゲストハウス / ミーティング / 飲食店 / コワーキング / イベントスペース

都市再生の推進に向け、浜松町が観光拠点、都市型MICE拠点となることが挙げられている。これより新たに加える機能として上記を選択した。

デザイン

秩序立ったデザインではなく、雑然とした状態を意図的にデザインとして取り入れ、既存との衝突を生み新たな価値をつくる。

都市の衝突点

加藤 優作
Yusaku Kato

芝浦工業大学
建築学部
建築学科
猪熊研究室

雑然とした都市の環境には既存建築各々が持ち合わせるさまざまな内なるエネルギーを備えている。これらを既にある都市のポテンシャルとして読み取り、今まで都市が築き上げてきた環境に新しい価値を刻み込むことで次なるストーリーを生む。整然と秩序立った都市環境ではなく、多様な価値観がうごめく中で差異やずれをお互いに認めながら、成長し続けるまちへと変わっていく。

[プログラム]都市開発　[構想／制作]2週間／2週間
[計画敷地]浜松町駅近く
[制作費用]100,000円　[進路]芝浦工業大学大学院

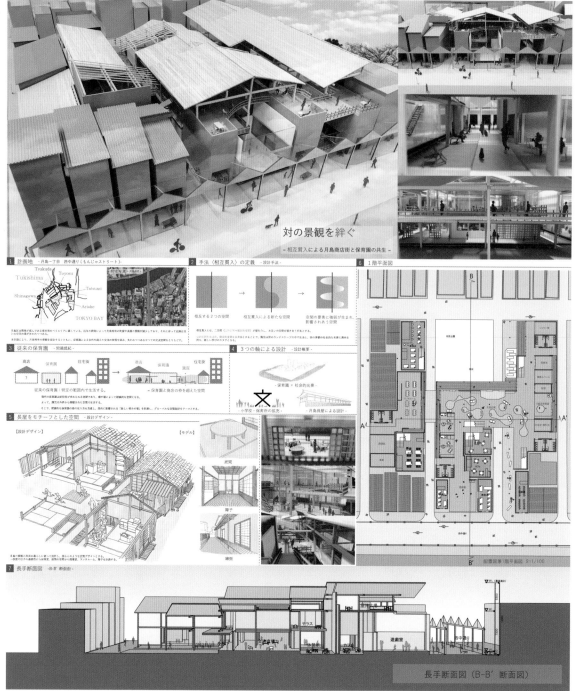

対の景観を絆ぐ

- 相互貫入による月島商店街と保育園の共生 -

対の景観を絆ぐ
― 相互貫入による月島商店街と保育園の共生 ―

小田 賢太郎
Kentaro Oda

東海大学
工学部
建築学科
河内研究室

グローバルな社会において、さまざまな形でありながらコミュニケーションの場が重要視されている。このような現代に生きる子供たちは、自分を発信する場である社会的光景を見て学ぶ必要があると考える。柵やフェンスによって外界から隔離された保育園を、商店街という社会的光景を見て学べるような建築空間を考える。商店街に若い世代を呼ぶきっかけにもつながり、月島の交流を再構成する。

[プログラム]保育園　[構想／制作]4カ月／1カ月
[計画敷地]月島1丁目 西中通り
[制作費用]15,000円　[進路]東海大学大学院

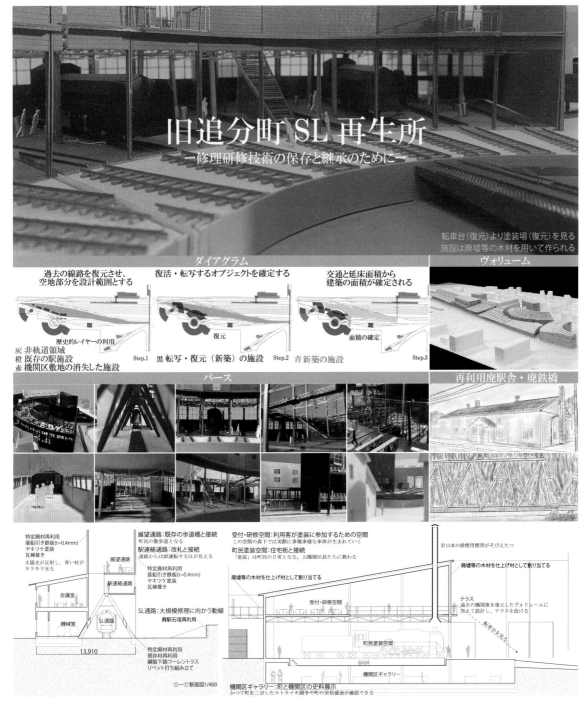

旧追分町 SL 再生所
―修理研修技術の保存と継承のために―

転車台(復元)より塗装場(復元)を見る
施設は廃墟等の木材を用いて作られる

ダイアグラム

過去の線路を復元させ、
空地部分を設計範囲とする

復活・転写するオブジェクトを確定する

交通と延床面積から
建築の面積が確定される

ヴォリューム

灰 非軌道領域
橙 既存の駅施設
赤 機関区敷地の消失した施設

歴史的レイヤーの利用

黒 転写・復元(新築)の施設　Step.2　青 新築の施設

復元　Step.1

面積の確定　Step.3

パース

再利用廃駅舎・廃鉄橋

特定廃材再利用
亜鉛引き鉄板(t=0.4mm)
ヤキツケ塗装
瓦棒葺き
太陽光が反射し、青い材が
キラキラ光る

展望通路:既存の歩道橋と接続
町民の散歩道となる
駅連絡通路:改札と接続
通路からは試運転するSLが見える

受付・研修空間:利用客が塗装に参加するための空間
この空間の真下では実際に多種多様な車体が生まれていく

計13本の排煙用煙突がそびえたつ

展望通路

町民塗装空間:住宅街と接続
「塗装」は町民の日常となる。元機関区員たちに教わる

廃墟等の木材を仕上げ材として割り当てる

特定廃材再利用
亜鉛引き鉄板(t=0.4mm)
ヤキツケ塗装
瓦棒葺き

廃墟等の木材を仕上げ材として割り当てる

駅連絡通路

会議室

機械室

SL通路

受付・研修空間

テラス
過去の機関庫を復元したヴォリュームに
加えて設計し、テラスを設ける

転車台を見る

SL通路:大規模修理に向かう動線
廃駅石垣再利用

町民塗装空間

13,910

特定廃材再利用
既存駅石垣再利用
鋼製下路ワーレントラス
リベット打ち組み立て

①-①'断面図1/400

機関区ギャラリー

機関区ギャラリー:町と機関区の史料展示
かつて町を二分したストライキ闘争や町の栄枯盛衰が確認できる

旧追分町SL再生所
― 修理研修技術の保存と継承のために ―

岡 祐太朗
Yutaro Oka

芝浦工業大学
建築学部
建築学科
西沢研究室

北海道追分駅横にある敷地は、元々追分機関区というSLの施設のための土地であったが、昭和51年の施設焼失により荒地となった。延べ11万㎡ある敷地に、工房・宿泊所・修理所・展示室などを過去の敷地の履歴を利用しながら配置していった。シンボル的なオブジェであった機関庫やホッパーは近隣の鉄道遺構を材料とし、復元される。施設はSLを産業遺産から観光資源へとつくり変える。

[プログラム]鉄道用複合施設　[構想/制作]4カ月/1カ月
[計画敷地]北海道安平町追分 追分駅隣接空地
[制作費用]100,000円　[進路]芝浦工業大学大学院

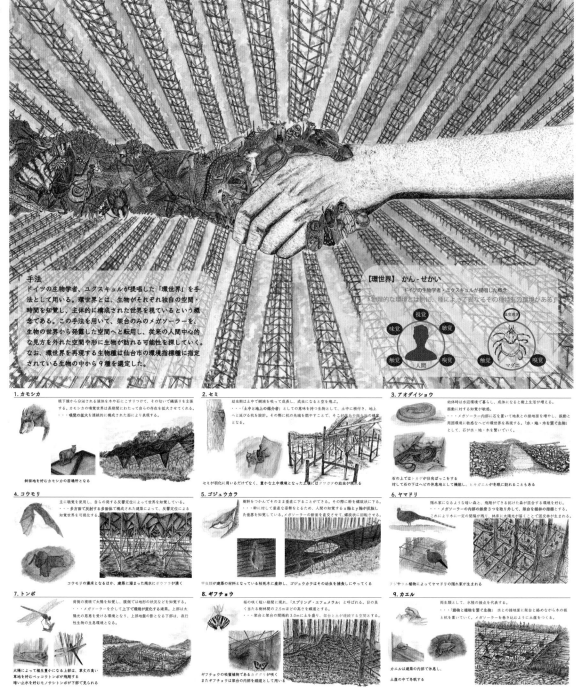

手法

ドイツの生物学者、ユクスキュルが提唱した「環世界」を手法として用いる。環世界とは、生物がそれぞれ独自の空間・時間を知覚し、主体的に構成された世界を視ているという概念である。この手法を用いて、架台のみのメガソーラーを、生物の世界から発露した空間へと転用し、従来の人間中心的な見方を外れた空間や形に生物が訪れる可能性を探していく。なお、環世界を再現する生物種は仙台市の環境指標種に指定されている生物の中から9種を選定した。

【環世界】 かん‐せかい

ドイツの生物学者・ユクスキュルが提唱した概念
「物理的な環境とは別に、種によって異なるその種特有の環境がある」

視覚・味覚・聴覚・触覚・嗅覚（人間）
視覚・温度感覚・触覚・嗅覚（マダニ）

1. カモシカ
顎下腺から分泌される液体を木や石にこすりつけて、その匂いで縄張りを主張する。カモシカの縄張りは長期間にわたって自らの存在を拡大させてくれる。・・・縄張りの拡大を連続的に構成された面により表現する。

斜面地を好むカモシカの居場所となる

2. セミ
幼虫期は土中で樹液を吸って成長し、成虫になると空を飛ぶ。・・・「土中と地上の媒介者」としての意味を持つ生物として、土中に根付き、地上へと延びる杭を設計。その際に杭の先端を燃やすことで、そこから光り出すような様となる。

セミが羽化に用いるだけでなく、豊かな土中環境となった土壌にはフサグモの幼虫が現れる

3. アオダイショウ
幼体時は水辺環境で暮らし、成体になると樹上生活が増える。振動に対する知覚が敏感。・・・メガソーラー内部に石を置いて地表との接地面を増やし、振動と周囲環境に敏感なヘビの環世界を再現する。「水・地・木を繋ぐ生物」として、石が水・地・木に繋いでいく。

石の上ではトカゲが日向ぼっこをする
対して石の下ではヘビの休息地として機能し、ヒキガエルが冬眠に訪れることもある

4. コウモリ
主に聴覚を使用し、自らの発する反響定位によって世界を知覚している。・・・多面的に反射する多面体で構成された建築によって、反響定位による知覚世界を可視化する。

コウモリの棲家となり、建築に溜まった雨水にボウフラが湧く

5. ゴジュウカラ
樹幹をつかんでそのまま垂直に下ることができる。その際に幹を螺旋状に捉えた世界を知覚している。メガソーラーの架台を垂直にさせ、螺旋状に回転させる。・・・幹に対して垂直な姿勢をとるため、人間の知覚するx軸とy軸が反転した世界を知覚している。

甲虫類が建築の材料となっている枯死木に産卵し、ゴジュウカラはその幼虫を捕食しにやってくる

6. ヤマドリ
隠れ家になるような暗い森と、飛翔ができる拓けた森が混在する環境を好む。・・・メガソーラーの内部の架台を3つ取り外して、縦格子の指標とする。これにより木に一定の間隔が残り、林床に太陽光が届くことで混交林が生まれる。

フジやつる植物によってヤマドリの隠れ家が生まれる

7. トンボ
背側の複眼で太陽を知覚し、腹側では地形の状況などを知覚する。・・・メガソーラーを介して上下で環境が変化する建築。上部は太陽光の恩恵を受ける環境となり、上部地盤の影となる下部は、夜行性生物の生息環境となる。

太陽によって植生豊かになる上部は、草丈の高い草地を好むベッコウトンボが飛翔する
暗い止水を好むモノサシトンボが下部で見られる

8. ギフチョウ
桜の咲く短い期間に現れ、「スプリング・エフェメラル」と呼ばれる。日の良く当たる樹間の2.5mほどの高さで羽化をする。・・・架台と架台の間隔を3.0mに土を盛り、架台と土が連続する空間とする。

ギフチョウの吸蜜植物であるカタクリが咲く
またギフチョウは架台の内部を繭床として用いる

9. カエル
両生類として、水陸の接点を代表する。・・・「陸地と繁地を繋ぐ生物」水との接地地に架台と絡めながら木の木板と杭を置いていく。メガソーラーを巻き込むように土塁をつくる。

カエルは建築の内部で休息し、土塁の中で冬眠する

生命のキアスム
― 生物から見た世界の建築可能性 ―

佐々木 迅
Jin Sasaki

日本大学
理工学部
建築学科
田所研究室

人間中心主義的な開発によって山一面が寿命を迎えたメガソーラーで覆われてしまった2060年を舞台に、太陽光を独占し周辺の生態系を破壊した元凶であり、かつ人間に電気を供給するという本来の機能も果たせなくなったメガソーラーの亡骸を、生物のための空間に転用する。本提案は、負の遺産として残置されたメガソーラーが、生物によって正の遺産へと転換されていく物語である。

[プログラム]生物の空間　[構想／制作]7カ月／4週間
[計画敷地]宮城県仙台市大倉山
[制作費用]70,000円　[進路]日本大学大学院

カラス人間存在論

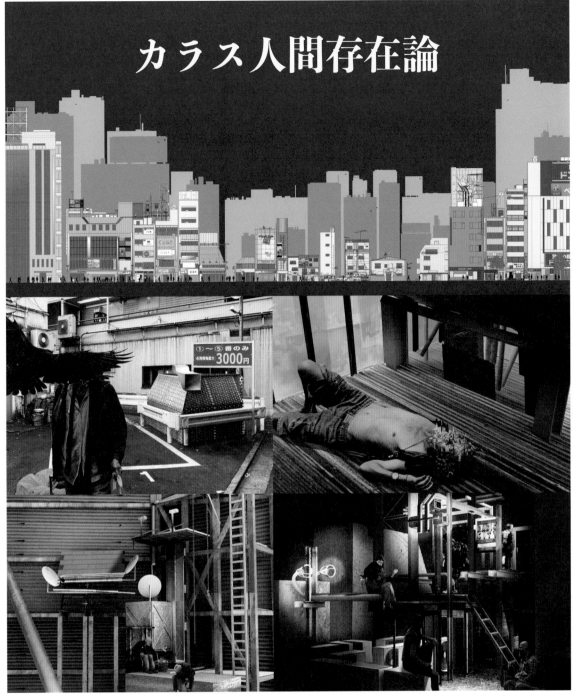

カラス人間存在論

漆畑 昂明
Komei Urushibata

明治大学
理工学部
建築学科
構法計画(門脇)研究室

この街ではモノが消える。調査によって消えたモノは都市の余剰物であり、それが「ある存在」の建築に使われていることが判明した。またその存在とカラスの類似点から「カラス人間」と名付け、考察したところカラス人間はもともと社会的弱者であったのではないかという結論に辿り着く。これはなぜカラス人間が生まれたのか、なぜ彼らは建築を行うのか、人間との関係についての研究である。

[プログラム]塒・公共施設等　[構想／制作]10カ月／3週間
[計画敷地]東京都新宿区新宿駅東側
[制作費用]50,000円　[進路]明治大学大学院

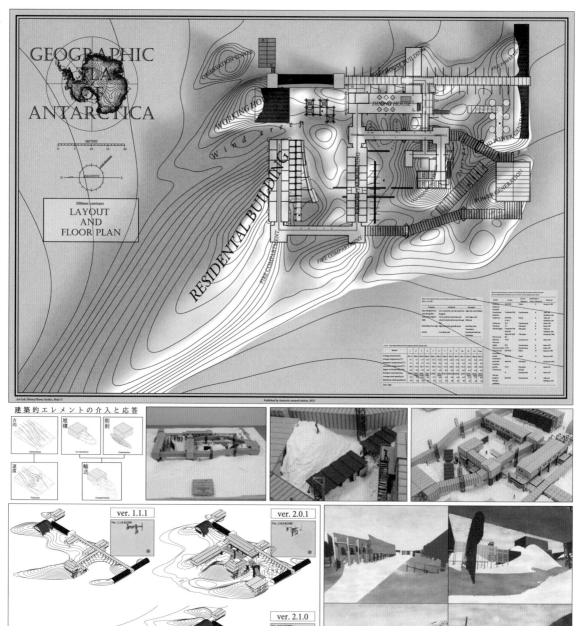

GEOGRAPHIC ATLAS OF ANTARCTICA
建築的エレメントを介し顕れる、流動的地勢を感受する。

敷地 優
Masaru Shikichi

明治大学
理工学部
建築学科
建築史・建築論研究室

建築的エレメントは風速や方向を変え、南極では雪の堆積や濠といった地形として可視化される。建築は流動的地勢に応答し更新していく。しかし外的因子を一方的に選択・拒絶できる今日、自然・建築間の「自然現象＝応答」に対し鈍感化している。極限的な外部と平常的な内部のギャップをつなぐ境界を新たに設計し、建築と自然が一体化した風景の中で2者の応答関係を感受することを目指す。

［プログラム］研究施設兼博物館　［構想／制作］5カ月／2カ月
［計画敷地］南極
［制作費用］50,000円　［進路］明治大学大学院 建築史・建築論研究室

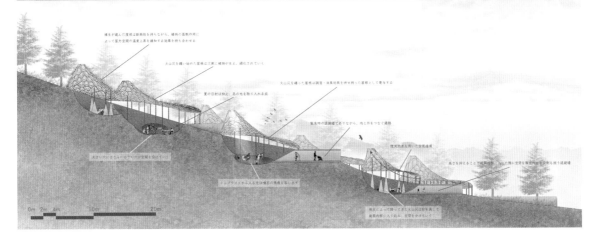

噴火と住まう

— 火山の噴火がもたらす
　空の恵みから成す建築集落の在り方 —

三谷 翼空
Tsubasa Mitani

日本大学
理工学部
海洋建築工学科
小林研究室

捨てられてしまっているものの一つとしてある火山灰を一つの軸に、新築でもリノベーションでもない新しい建築の提示として火山の噴火がもたらす空の恵みから成す建築を提案する。噴石によってできたぼこぼこの穴に建築は展開され、火山の呼吸に呼応する形で成される様相は桜島を象徴する集落風景を写し出し、SDGsなどのサステナブルな建築の在り方の提示でもある。

[プログラム]複合施設　[構想／制作]5カ月／2カ月
[計画敷地]桜島
[制作費用]150,000円　[進路]日本大学大学院

狭色都市

秋葉原空間を再構築したものづくり商業施設の提案

―都市の対照的な空間の融合―

対照的な「狭色」空間を融合させることで二面的な空間が互いに干渉し合い、新たな秋葉原の個性を保持した居心地の良い空間を再構築する。

賑やかな側面
色鮮やかな都市空間

⟷ 融合

地味な側面
狭い店舗空間

都市の色彩空間と狭い店舗空間が混在し、互いの個性が干渉し合う新たな秋葉原空間を構築する

―――「狭い店舗空間」と「色鮮やかな都市空間」の融合における着色手法―――

着色方法①：色割合の導入

空間への導入 → 狭い店舗空間

調査で得られた色割合を基準に空間へ着色していく。

着色方法②：開口部の作成

秋葉原の色づいている要因の一つである看板広告に沿って壁に開口部を作成する。

着色方法③：開口部の大小の分類化→色の効果の利用

開口部の大きさ		
大	中	小

着色方法②による開口部の大きさを3パターンに分類化し、その開口部の大小と後退色・進出色による遠近法により、視覚的に奥行きのある連続的な空間を目指した。

■断面詳細図（ものづくりラインと店舗の境界部）S=1/150

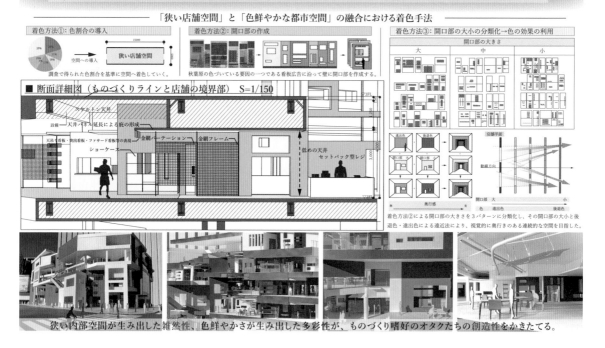

狭い内部空間が生み出した雑然性、色鮮やかさが生み出した多彩性が、ものづくり嗜好のオタクたちの創造性をかきたてる。

狭色都市

――秋葉原空間を再構築した
　ものづくり商業施設の提案――

大石 真輝
Masaki Oishi

東海大学
工学部
建築学科
岩崎研究室

秋葉原には「色」鮮やかな都市の賑やかな空間と店舗内部の「狭」い地味な空間といった対照的な空間が混在する。その対照的な「狭色」空間を融合させることで二面的な空間が互いに干渉し合い、新たな秋葉原の個性を保持した居心地の良い空間を再構築する。

［プログラム］複合商業施設　［構想／制作］7カ月／1カ月
［計画敷地］東京都千代田区
［制作費用］100,000円　［進路］東海大学大学院

ラフトターミナル
― 安芸津での牡蠣供給連鎖における風景の動的再編 ―

一原 林平
Rimpei Ichihara

近畿大学
工学部
建築学科
前田・土井研究室

広島県東広島市安芸津町の牡蠣養殖においての1年のサイクルを従業員、観光客、町の住人が見る景色に落とし込み、その風景を新たな付加価値として、過去25軒あり人口減少による後継者不足で残り9軒となった作業場を再編成する。牡蠣収穫時期に筏が集まり、作業場というコアを設計することで時期によって風景の変わる動的建築の提案。

[プログラム]牡蠣養殖場　[構想／制作]6カ月／2週間
[計画敷地]広島県東広島市安芸津町
[制作費用]150,000円　[進路]近畿大学大学院

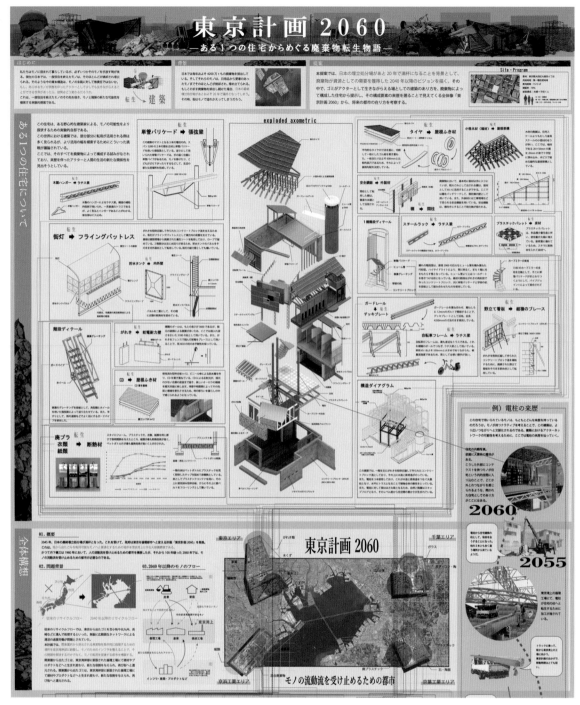

東京計画2060

― ある1つの住宅をめぐる廃棄物転生物語 ―

房野 広太郎
Kotaro Fusano

明治大学
理工学部
建築学科
構法計画(門脇)研究室

日本の埋立処分場があと20年で満杯になることを背景として、廃棄物が資源としての需要を獲得した2040年以降のビジョンを描く。その中でゴミがアクターとして生きながらえる場としての建築の在り方を、廃棄物によって構成したある1つの住宅から提示し、その来歴を辿ることで、今を生きる我々が向かうべき未来像を示す。

[プログラム]住宅　[構想／制作]5カ月／2週間
[計画敷地]東京都
[制作費用]50,000円　[進路]明治大学大学院

出展大学・専門学校 統計データ

●エントリー都府県数
025 都府県

●最多エントリー
046 作品（日本大学）

●エントリー校数
075 校

●最多本審査進出
006 作品（明治大学）

●エントリー総数
407 作品

エントリー者の所属校

あ 愛知産業大学
愛知淑徳大学
青山製図専門学校
足利大学
茨城大学
宇都宮大学
大阪芸術大学
大阪工業大学
大阪公立大学
大阪産業大学
岡山理科大学
か 神奈川大学
金沢工業大学
関西大学
関西学院大学

関東学院大学
九州大学
九州工業大学
京都大学
京都芸術大学
京都建築専門学校
京都工芸繊維大学
近畿大学
金城学院大学
熊本大学
桑沢デザイン研究所
慶應義塾大学
工学院大学
神戸大学
神戸芸術工科大学

国士舘大学
さ 相模女子大学
滋賀県立大学
静岡文化芸術大学
芝浦工業大学
島根大学
昭和女子大学
崇城大学
た 第一工科大学
多摩美術大学
千葉大学
千葉工業大学
筑波大学
東海大学
東京大学

東京工芸大学
東京電機大学
東京都市大学
東京都立大学
東京理科大学
東北大学
東洋大学
豊橋技術科学大学
な 長岡造形大学
名古屋工業大学
西日本工業大学
日本工業大学
日本大学
日本工学院専門学校
日本女子大学

日本福祉大学
は 広島大学
広島工業大学
福井大学
福岡大学
文化学園大学
法政大学
ま 前橋工科大学
武蔵野大学
明治大学
や 山形大学
山口大学
ら 立命館大学
わ 早稲田大学
早稲田大学芸術学校

「卒、23」実行委員会

「卒、」実行委員会とは

関東を中心に、全国から有志で集まった建築を学ぶ学生の団体です。

「卒、23」で発足から20年。

より多くの人に建築の素晴らしさ・楽しさを伝えるべく、

卒業設計の発表の場（展示会・講評会）を設けることを目的とし、

毎年4月から企画・準備を進めています。

学校・学年・地域を超えてさまざまな学生が集い、

意見を交わし、刺激し合いながらフラットな関係を目指しています。

公式サイト

Instagram

X（旧Twitter）

［主な役割］

幹部（代表・副代表）…	全体を統括
会計班………………	活動に関わる費用、協賛金などの管理
協賛班………………	協賛企業の募集活動
広報班………………	公式サイト・SNSなどの運用、各種広報活動
審査班………………	クリティークとの打ち合わせ、講評会当日のエスコート
デザイン書籍班………	フライヤーなど各種デザイン、作品集の編集
会場班………………	会場設営、展示会・講評会の運営

デザイン紹介

全国から作品を募る「卒、」では、広告宣伝・認知度向上のため
さまざまなデザインの制作物がつくられます。ここではそれらの一部を紹介します。

●ポスター・フライヤー

「卒、」を広く告知するアイテムがフライ
ヤーとポスター。時期により掲載内容を
追加・変更しながら、いくつかのデザイン
が作成されます。

●パンフレット

会期中に来場者へ配布されるパンフレット。クリティークや
出展作品の紹介、会場へのアクセスなど、さまざまな情報が
盛り込まれます。

●ノベルティグッズ

「卒、23」では、出展者への記念品としてオリジナルのノベル
ティグッズ（クリアファイル＆メモ帳）を制作しました。

メンバー募集！

ともに「卒、」を運営しませんか？
「卒、」は関東を中心に、全国から有志で集まった建築学生で構成
される卒業設計展の運営団体です。学校・学年、地域を超えてさ
まざまな学生と意見を交わし、刺激し合いながら活動でき、新たな
視点にも出会えるかもしれません。1年かけて企画・運営を進め、
建築の素晴らしさ・楽しさを伝えられることを目指しています。
公式サイトのお問い合わせフォームからご連絡ください！

実行委員メンバー

[幹部]

代表	三橋貫太	日本大学3年
副代表	人見健太	日本大学3年
	川原麻維	東京造形大学3年

[会計班]

班長	島峰 睦	日本大学3年

[協賛班]

班長	長津海月	日本大学3年
	萩原華乃	日本大学2年
	中原一樹	日本大学2年
	鈴木颯太	日本大学2年
	逢坂友里	日本大学2年
	中原一樹	日本大学2年
	卯崎 優	日本大学2年
	麻生野々花	相模女子大学2年

[広報班]

班長	三井航誠	日本工学院八王子専門学校3年
	加納栞菜	相模女子大学2年
	芳澤実佳	女子美術大学3年
	古堅彩水	女子美術大学3年
	Park Yeawon	東京造形大学3年
	吉田茉美	東京造形大学3年
	狭間雄大	日本大学3年
	吉村勇之助	日本大学1年
	伊藤慶靖	国士舘大学1年
	鈴木沙依	東京都立大学2年

[審査班]

班長	人見健太	日本大学3年
	森澤進太郎	日本大学3年
	宮元詩乃	日本工学院八王子専門学校3年
	河添夏葵	国士舘大学3年
	山口秋桜花	法政大学3年

[デザイン書籍班]

班長	三井航誠	日本工学院八王子専門学校3年
	田中里海	日本工学院専門学校2年
	河添夏葵	国士舘大学3年
	山田愛華	国士舘大学3年
	宮下果子	国士舘大学3年
	大村亜蘭	国士舘大学3年
	桑山史乃	相模女子大学3年
	川田芽依	相模女子大学3年
	櫻井文乃	相模女子大学2年
	柴田龍之介	日本大学2年
	桐谷武明	東京造形大学1年

[会場班]

班長	川原麻維	東京造形大学3年
	加藤優希	東京造形大学1年
	平石空嘉	東京造形大学2年
	川名太陽	東京造形大学2年
	佐野遥香	東京造形大学3年
	松山杏美	東京造形大学3年
	赤川可奈	日本工学院八王子専門学校3年
	大貫壮琉	日本工学院八王子専門学校2年
	伊藤駿作	日本大学1年
	前後知早弥	日本大学2年
	南畑一心	日本大学2年
	高橋 樹	日本大学3年
	田尾実悠	日本大学3年
	渡邊崇人	日本大学3年
	山川理子	武蔵野美術大学2年
	松原明香	法政大学3年
	野中真理子	法政大学3年
	山根ののか	法政大学3年
	野口秀太	工学院大学2年

暮らしに、妥協しない。

世の中に、安心を塗り重ねてゆく。

株式会社 ガイアフィールド
土地から始まる物語を紡ぐ企業

安全で快適な、
住まい空間を。

私たちは都内や地方に関わらず安全な
住まいを提供すべく、都内ではCFS工
法を利用した「リムテラス」の建築、
そして新たなチャレンジとして全国に
自社製造スチールパネルの販売を開始
しています。

あなたの家と命を守る為に、
私たちは進化を続けます。

【本店】
〒213-0015 神奈川県川崎市高津区梶ヶ谷4-11-2

名古屋港水族館

所在地　　：愛知県
延床面積　：39,900㎡
構造/規模　：SRC、一部RC、PC造／地上４階

株式会社
大建設計

http://www.daiken-sekkei.co.jp

「造る」「守る」「直す」「甦る」。
新築からビルメンテナンス、
そして改修工事まで
あらゆるニーズにお応えします。

私たちは建物と設備のエキスパートとして、
横須賀の地で半世紀以上の実績を重ねてきた総合建設企業です。
1969年に横須賀で創業し、給排水設備工事と建築・土木工事、
そして完成後のメンテナンスなどを行っています。
建物を引き渡した後も、末永くサポートできる体制が当社の強みです。

『神奈川で一番大きな信頼を築く』ことを変わらぬ目標として、
今後も地元に根差し、新築からリニューアルまで一貫して
お客様のあらゆるニーズにお応えします。

建物の総合プランナー

ダイジン
Daijin
株式会社 大神

 0120-86-3118
ハロー さあいい家

神奈川県横須賀市大矢部2-9-20

大神 横須賀 検索

チームラボ
空間設計カタリスト
アーキテクツ

正社員・インターンメンバーを募集

アート展示の計画段階から空間設計及びアート作品の設計を担当します。
施工フェーズでは、国内外の展示現場に赴き施工管理業務を担当する
メンバーを募集します。

必要なスキル
CAD を使っての図面作成スキル
常設施設、イベント空間の設計
建築設計に関する知識・経験

応募詳細はこちら

応募はチームラボ採用ページから

teamLabPlanets 東京 豊洲

One team ~team22 応援歌~

ラグビーワールドカップで日本代表の掲げたスローガンがこの【One team】です。
出身地や文化、様々な背景を持ちつつも、その違いを乗り越えて一つに結束したチームという意味と
思いが込められた言葉となっています。
富士防グループも同様、建物改修に関わる様々なキャリアやスキルを持ったたくさんの仲間がいます。
それぞれが心ひとつに愛情・真心・誇りを持って仕事に取り組むする姿勢は、まさに【One team】です。
そんなOne team にエールを贈るような歌を独自で創りたい！という想いのもと、未来を育む
社員たちが立ち上がり、みんなの想いを歌に乗せて、この歌が完成しました！
作詞～作曲まで全て手創りで、歌詞には、富士防のイズムが詰まっています！

制作：2022年度 ブランド委員会
音楽プロデュース：DJ DAIKY
作詞：柳/Ann G
MV Director：Hiroaki Nagashima

総合資格navi 全学年対象

建築・土木学生のための建設業界情報サイト

建築関連の資格スクールとして
建設系の企業と強固なネットワークを
築いてきたからこそ、
ご提供できるサービスを揃えています。

登録はこちら！

学校生活で

全国の建築イベント情報が見られる
建築系企業のアルバイト募集へ応募できる
全国の建築学校の取り組みが見られる
建築学生に必須スキルのノウハウが学べる

あなたを必要とする企業からスカウトが届く
インターンシップや説明会、選考へエントリーできる
実際に選考を突破した先輩、同期のESが見られる

就職活動で

お問い合わせ **総合資格navi 運営事務局**
[E-MAIL] navi-info@shikaku.co.jp
[TEL] 03-6304-5411

 総合資格学院の**本**

私の選択は
間違ってなかった

選んだのは、合格者の50%以上が
進んだ王道ルートでした。

卒、23
SOTSUTEN

全国合同卒業設計展

発行日　2024年2月15日

編　著　「卒、23」実行委員会

発行人　岸 和子
発行元　株式会社 総合資格
　　　　〒163-0557　東京都新宿区西新宿1-26-2　新宿野村ビル22F
　　　　TEL 03-3340-6714（出版局）
　　　　株式会社 総合資格　　　　http://www.sogoshikaku.co.jp
　　　　総合資格学院　　　　https://www.shikaku.co.jp
　　　　総合資格学院 出版サイト　https://www.shikaku-books.jp

編　集　「卒、23」実行委員会（三井航誠、川原麻維、桐谷武明、櫻井文乃、田中里海）
　　　　株式会社 総合資格 出版局（梶田悠月、坂元 南）
デザイン　株式会社 総合資格 出版局（三宅 崇）
印　刷　シナノ書籍印刷 株式会社